Hansen / Nagel

Mitarbeiterrechte in der Apotheke

Hansen / Nagel

Mitarbeiterrechte in der Apotheke

Wie sag ich's meinem Chef

Minou Hansen, Hamburg
Marion Nagel, Leipzig

Mit 36 Abbildungen

Deutscher Apotheker Verlag

Zuschriften an
lektorat@dav-medien.de

E-Mail-Adressen der Autorinnen
Minou Hansen
m.hansen@adexa-online.de

Marion Nagel
Marion.nagel@email.de

Bibliografische Information der Deutschen Nationalbibliothek
Die Deutsche Nationalbibliothek verzeichnet diese Publikation in der Deutschen Nationalbibliografie; detaillierte bibliografische Daten sind im Internet unter https://portal.dnb.de abrufbar.

1. Auflage 2018
ISBN 978-3-7692-6981-9 (Print)
ISBN 978-3-7692-7258-1 (E-Book, PDF)

Birkenwaldstraße 44, 70191 Stuttgart
www.deutscher-apotheker-verlag.de
Printed in Germany

Satz: abavo GmbH, Buchloe
Druck und Bindung: W. Kohlhammer Druckerei GmbH & Co. KG, Stuttgart
Umschlaggestaltung: deblik, Berlin

Vorwort

Die meisten Konversationen sind Monologe, die vor einem Publikum geführt werden.
Margaret Millar

In der Apotheke wird im Team gearbeitet, alle Aufgaben sind idealerweise verteilt; jede Mitarbeiterin und jeder Mitarbeiter ist für ihre bzw. seine hochqualifizierte Aufgabe gut ausgebildet. Zudem erfüllt der Apothekenbetrieb eine öffentliche Aufgabe:

> „Den Apotheken obliegt die im öffentlichen Interesse gebotene Sicherstellung einer ordnungsgemäßen Arzneimittelversorgung der Bevölkerung (§ 1 Apothekengesetz)".

Es gibt zahlreiche Vorschriften und Leitlinien, aber auch Tarifverträge, an denen sich Apothekenleitungen, aber auch Angestellte orientieren müssen. Schließlich ist ein QMS nach der Apothekenbetriebsordnung vorgeschrieben, in dem teilweise kleinste Arbeitsschritte definiert werden. Eigentlich sollte also jeder wissen, wie es geht und was zu tun ist. Trotzdem gibt es immer wieder Reibereien und Unstimmigkeiten, die viel Kraft und Energie bei den Mitarbeitern und sicher auch bei den Apothekenleitungen verbrauchen.

Man fragt sich: Wo ist das Problem? Neben der so hübsch umschriebenen Arbeitsverdichtung liegt ein großer Teil sicher auch in der mangelnden oder unzureichenden Kommunikation. Mit diesem Buch möchten die Autorinnen Ihnen ein Werkzeug an die Hand geben, mit dem Sie sich im herausfordernden Arbeitsalltag in der Apotheke einen guten Stand zu verschaffen.

Dabei soll die Erläuterung der arbeits- und tarifrechtlichen Situation der Kompass sein, der Ihnen erst einmal eine Orientierung gibt, wo Sie überhaupt stehen. Alleine das hilft Ihnen im Zweifelsfall aber noch nicht weiter, Ihren Platz zu behaupten oder auch zu erweitern und sich dort gut einzurichten. Deshalb gibt es daneben grundsätzliche Hinweise zur guten Kommunikation, die anhand der beschriebenen Fälle dann jeweils konkret eingesetzt werden können.

Die ausgewählten Fälle und rechtlichen Fragen entstammen durchweg der Praxis. Die Autorin Minou Hansen ist Rechtsanwältin und leitet die Rechtsabteilung bei ADEXA – Die Apothekengewerkschaft. Dort ist sie in der täglichen Rechtsberatung mit den Problemen der Apothekenangestellten vertraut. Marion Nagel hat als Kommunikationstrainerin zahlreiche Workshops und Seminare mit Apothekenangestellten veranstaltet und kennt die Stolpersteine bei der Umsetzung der eigenen Wünsche.

Hamburg, Leipzig, im Sommer 2018

Minou Hansen,
Marion Nagel

> Hinweis: Um die Lesbarkeit dieses Buches zu verbessern, verzichten wir auf die gleichzeitige Nennung männlicher und weiblicher Sprachformen. Alle Formen schließen Männer und Frauen ein.

Inhaltsverzeichnis

1 Der Vierklang der Kommunikation oder warum wir auf vier Ebenen sprechen und hören

Marion Nagel

Wir kommunizieren ständig. Mündlich und schriftlich, im Beruf, mit Freunden und Familie, im Netz. Gerade im beruflichen Alltag, im Team, mit Vorgesetzten oder Kunden kommt es dabei immer wieder zu Missverständnissen. Das muss nicht sein!

Eine kurze Bemerkung kann beim Gegenüber ganz anders ankommen als vom Sender gemeint:
„Das machen wir hier immer so!"
„Aha. Verbesserungsvorschläge sind hier also unerwünscht"

Der Grund dafür ist die Vielschichtigkeit der Kommunikation zwischen Sender und Empfänger. Sie findet auf mehreren Ebenen statt. Das heißt, eine Äußerung enthält gleichzeitig verschiedene Botschaften und wird vom Empfänger ebenfalls auf mehreren Ebenen gehört. Deshalb kann die Kommunikation zwischen zwei oder mehreren Menschen anregend und spannend sein und gleichzeitig herausfordernd und störanfällig. Kommunika-

Abb. 1.1 In jedem Gespräch senden wir Botschaften auf verschiedenen Ebenen – das macht Kommunikation spannend, aber auch störanfällig.

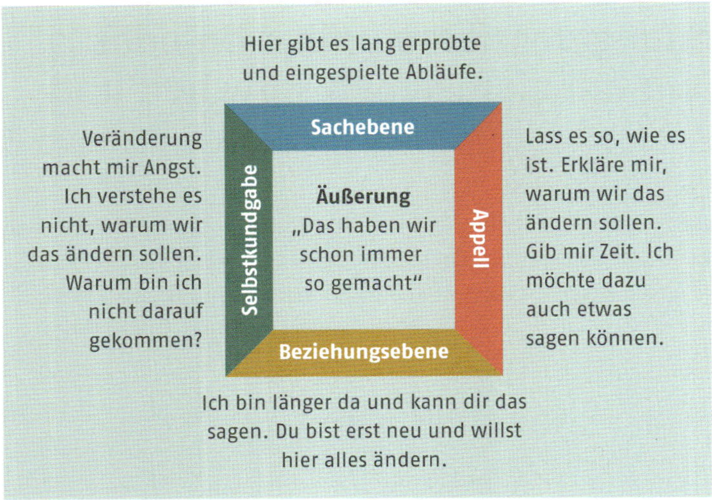

Abb. 1.2 Das Kommunikationsquadrat mit den vier Seiten einer Nachricht

tion findet in einem mehrdimensionalen Raum statt, in dem man sich locker bewegen, jedoch auch manchmal „verirren" kann. Deshalb lohnt es sich, für eine gute Kommunikation die entsprechenden „Werkzeuge" dabei zu haben.

Besonders hilfreich, quasi „Karte und Kompass im Dschungel der Kommunikation", sind das Modell des Kommunikationsquadrats sowie das Vier-Ohren-Modell von Friedemann Schulz von Thun[1]. Beide beruhen auf der Annahme, dass jede meiner Äußerungen, ob ich will oder nicht, auf vier Ebenen gleichzeitig mehrere Botschaften sendet (Abb. 1.2).

Die vier Seiten einer Nachricht

- eine Sachinformation (worüber ich informiere, Daten, Fakten, Thema) – **blau**,
- eine Selbstkundgabe (was ich von mir zu erkennen gebe) – **grün**,
- einen Beziehungshinweis (was ich von dir halte und wie wir zueinanderstehen) – **gelb**,
- einen Appell (was ich beim anderen erreichen möchte, was der andere tun soll) – **rot**.

Ohne uns dessen bewusst zu sein, entsteht durch die „vier Seiten einer Nachricht" ein Bild in uns, was der Gesprächspartner von sich selbst und von uns hält, was er will und um was es geht. Der **Empfänger** hört ebenfalls mit „vier Ohren" auf vier Ebenen (Abb. 1.3).

1 Friedemann Schulz von Thun ist emeritierter Professor der Psychologie und Pädagoge an der Universität Hamburg. Er hat praxisnahe und anwendungsfreundliche Modelle und Instrumente zur zwischenmenschlichen Kommunikation postuliert. Weiterführende Informationen zum Kommunikationsquadrat und seinen Modellen findet man in „Miteinander reden" (Rowohlt-Verlag) oder unter: www.schulz-von-thun.de

Abb. 1.3 Wie die Nachricht von den vier Ohren des Empfängers gehört wird

Die vier Ohren

- **Sach-Ohr:** Wie ist der Sachverhalt? Worum geht es? (blau)
- **Selbstkundgabe-Ohr (sogenanntes empathisches Ohr):** Was ist mein Gegenüber für eine/r? In welcher Stimmung ist er/sie? (grün)
- **Beziehungs-Ohr:** Was denkt/hält der andere von mir? Wie definiert der andere unsere Beziehung? (gelb)
- **Appell-Ohr:** Was erwartet der andere von mir? Was soll ich tun, denken, fühlen? (rot)

Im Idealfall haben wir alle vier Ohren zur Verfügung und wählen – den Erfordernissen der Situation entsprechend – auf welche Seite der Nachricht wir reagieren wollen. Oder fragen nach, wenn uns ein Aspekt nicht klar ist. Oft haben wir jedoch einseitige Empfangsgewohnheiten. Das heißt: Wir hören bevorzugt mit einem Ohr. Mit welchem, hängt unter anderem mit der konkreten Situation oder mit unseren Lebenserfahrungen zusammen und damit, wie die Beziehung zum Gesprächspartner bisher erlebt wurde. Je nachdem, welches Ohr gerade „auf Empfang" geschaltet ist, hören wir unterschiedliche Botschaften. Wenn Gesagtes und Gehörtes nicht übereinstimmen, sind Störungen der Kommunikation vorprogrammiert. Was hört der neue Mitarbeiter in unserem Beispiel bei der Äußerung des Kollegen?

Es empfiehlt sich gerade im beruflichen Kontext, mehr Klarheit in unsere Kommunikation zu bekommen. Machen Sie es sich zur Gewohnheit, z. B. mit Kommunikationsquadrat und Vier-Ohren-Modell Gespräche, die nicht gut gelaufen sind, kurz zu reflektieren: Welche Botschaften wurden „mitgesendet", was hat mein Gegenüber gehört? Ebenfalls eignen sich beide Modelle zur Vorbereitung von Gesprächen (Gehaltsverhandlung, Ansprechen von Konflikten, Verbesserungsvorschläge, Urlaub). Hilfreich ist es auch, seine eigenen Kommunikationsgewohnheiten zu hinterfragen:

- Habe ich ein Lieblingsohr? Sind mir die Chancen und Risiken der einzelnen Hör-Ebenen bewusst? (▫ Tab. 1.1)(Manchmal wissen das andere Menschen besser als man selbst. Fragen Sie ruhig einmal nach!)
- Lasse ich mir ausreichend Zeit, um in Gesprächen zu antworten? (Wenn ich meist sehr schnell mit einer Antwort bin, fehlt die Zeit, mit allen vier Ohren aufzunehmen. Ich höre dann automatisch eher auf meinem Lieblingsohr.)
- Frage ich nach, was die andere Person gemeint hat, wenn mir etwas unklar ist? (Oder neige ich eher dazu, zu deuten, was der andere gemeint haben könnte?)
- Wann, wie und wo führe ich wichtige Gespräche? (Führe ich diese eher „zwischen Tür und Angel"? Bitte ich um Termine und ausreichend Zeit?)

Abschließend noch einige Gedanken zur zwischenmenschlichen Kommunikation: Anstatt eines überempfindlichen Beziehungsohrs kann es hilfreicher sein, ein ausgeprägtes Ohr für den Selbstkundgabe-Aspekt einer Mitteilung zu haben. Also: „Was sagt der andere über sich?" **und nicht** „Was sagt er über mich"?

Wenn wir die gefühlsmäßigen Ausbrüche, die Anklagen und Vorwürfe unserer Mitmenschen mehr unter dem Aspekt betrachten, was diese über den anderen sagen und nicht so sehr auf uns beziehen würden, wären wir weniger mit Rechtfertigen und Verteidigen beschäftigt. Wir könnten stattdessen besser zuhören und eher dahinterkommen, was mit den anderen wirklich los ist – für ein besseres Miteinander.

Tab. 1.1 Chancen und Risiken, wenn man vorrangig mit einem Ohr hört

Ohr	Chancen, wenn man vorrangig mit diesem Ohr hört	Risiken, wenn man vorrangig mit diesem Ohr höhrt
Sach-Ohr (blau)	Wenig Konfliktpotential. Kritik wird sachlich verstanden, nicht persönlich genommen. Hört schnell, worum es geht, was das Thema ist. Ist günstig, um Sachprobleme zu lösen, zu sortieren, zu strukturieren.	Das Persönliche droht, verloren zu gehen. Gefühle und Einstellungen des Gegenübers werden nicht gehört, wenn die eigentlichen Probleme auf der Beziehungsebene liegen und sich der andere z. B. abgewertet, missachtet oder bevormundet fühlt. Werden Beziehungsprobleme allein auf der Sachebene ausgetragen, sind unergiebige Diskussionen und Verstimmungen die Folge. Das eigentliche Thema wird nicht angesprochen.
Selbstkundgabe-Ohr (grün), Empathisches Ohr	Erfasst schnell, wie es dem anderen geht, was mit ihm/ihr los ist. Ist günstig, um Menschen besser zu verstehen, ihnen aktiv zuzuhören, sich in sie einzufühlen.	Es kann als Mittel dienen, nichts mehr an sich herankommen zu lassen und Kritik an sich ablaufen zu lassen oder auch dazu, andere Menschen zu psychologisieren und zu diagnostizieren.
Beziehungs-Ohr (gelb)	Ist sensibel dafür, wen man vor sich hat (Chefin, Kollege, Freundin, Partner). Das empfindsame Beziehungsohr ist günstig beim Ansprechen von „dicker Luft" und von unterschwelligen Konflikten. Es erfasst gut, wenn die Beziehungsebene nicht stimmt.	Man bezieht das Gesagte vorrangig auf sich und nimmt es persönlich. Folge: Man fühlt sich leicht angegriffen und ist schnell beleidigt. Bsp.: Wenn der andere wütend ist, fühlen wir uns beschuldigt. Wenn jemand guckt, fühlen wir uns kritisch gemustert. Wenn jemand lacht, fühlen wir uns ausgelacht. Wenn jemand wegschaut, fühlen wir uns gemieden.
Appell-Ohr (rot)	Ist günstig für optimale Zuarbeit. Aufträge werden schnell erledigt. In Notsituationen, für Kundenorientierung, in Berufen wie Polizei, Armee usw.	Man macht es allen Recht. Gefahr der Ausnutzung. Man will sogar den unausgesprochenen Erwartungen seiner Mitmenschen entsprechen. Die eigenen Bedürfnisse bleiben unsichtbar.

2 Laden Sie zum Gespräch ein!

Marion Nagel

Zu einer gelungenen Gesprächsvorbereitung gehört – neben der eigenen Klärung, worüber man sprechen will und was man sagen möchte – auch eine Gesprächseinladung. Das geht einfacher, als Sie denken.

Geht es beispielsweise um eine Gehaltserhöhung, um die Vergütung von Mehrarbeit oder die Klärung eines Konflikts, ist eine frühzeitige Terminabsprache und eine kurze Vorinformation zum gewünschten Inhalt des Gesprächs ein faires Angebot an den Gesprächspartner im Sinne eines professionellen-kooperativen Umgangs.

Mit dieser Form der Einladung, die schriftlich oder mündlich erfolgen kann, kann man eventuelle (und meist unzutreffende) Vorstellungen seines Gesprächspartners von vornherein ausräumen. Darüber hinaus bekommt der andere die gleiche Chance, sich auf das Gespräch vorzubereiten. Ohne eine Einladung und ausreichend Vorlaufzeit fühlen sich Gesprächspartner oft „überfallen". Sie wissen nicht, was der andere möchte, und gehen meist unvorbereitet in das Gespräch. Für den Initiator enden solche Gespräche oft nicht mit dem gewünschten Ergebnis. Im schlimmsten Fall wird einem der „Überfall" im Nachhinein noch übelgenommen.

Bei der Vorbereitung und einer Formulierung einer Einladung kann man sich dabei an einer Hilfsfrage orientieren, die sich sowohl für schriftliche als auch für mündliche Einladungen anwenden lässt.

Hilfsfrage

Wie kommt es (= Vorgeschichte) und welchen Sinn macht es (= Anliegen, Wunsch, Ziel), dass ausgerechnet ich ausgerechnet mit Ihnen (= Rollen, Beteiligte) ausgerechnet über dieses Thema (= Thema) sprechen soll?

Bezogen auf das Thema Gehaltserhöhung kann eine Einladung dann zum Beispiel wie folgt aussehen: *„Ich habe ja seit einem Jahr einen zusätzlichen Aufgabenbereich übernommen. (Vorgeschichte, Hintergrund). Ich möchte gern mit Ihnen, Frau X (Beteiligte), ein Gespräch zu meiner Arbeit führen und in diesem Zusammenhang auch über ein höheres Gehalt (Thema) sprechen. Wann wäre in dieser Woche eine gute Zeit für Sie?"*

Beim Thema Urlaub könnte eine Einladung zum Beispiel so formuliert werden:
„Herr Y, ich habe ein Anliegen hinsichtlich meines Jahresurlaubs, das ich mit Ihnen in Ruhe besprechen möchte. Passt es Ihnen am Donnerstag um 16 Uhr?"

Abb. 2.1 Zum Gesprächsabschluss fassen Sie noch einmal alle Ergebnisse zusammen.

Verzichten Sie auf Sätze wie „*Wir sollten unbedingt nochmal über …. sprechen*" in der Gesprächseinladung. Das baut eher Druck auf, als dass der Wunsch nach einem ausführlichen Dialog beim anderen ankommt.

Keinesfalls sollte man schon bei der Gesprächseinladung tiefer inhaltlich einsteigen. Mit Sätzen wie „*Bei der letzten Teambesprechung habe ich mich ziemlich geärgert, meiner Meinung nach sollten wir …*" ist man schon mitten drin im Thema. Inhaltliche Nachfragen des Gesprächspartners à la „*Worum geht es denn genau?*" oder „*Können wir das nicht gleich jetzt klären?*" kann man mit einem freundlichen Hinweis, nicht unvorbereitet in das Gespräch gehen zu wollen, der Bitte um eine ungestörte Gesprächsatmosphäre und einem zeitnahen Terminvorschlag entgegnen.

Was jedoch bereits zum Zeitpunkt der Einladung geklärt werden sollte, ist der Rahmen. Dabei ist es wichtig, günstige Gesprächsbedingungen zu verabreden. Bedenken Sie dabei: Wo soll das Gespräch stattfinden? Wann? Wie viel Zeit soll zur Verfügung stehen? Mögliche Störungen sollten ausgeschaltet, Vereinbarungen zu Gehalt und Urlaub sollten nicht zwischen Tür und Angel oder unter Termindruck geführt werden. Auch die Mittagspause ist kein guter Zeitpunkt für Gespräche dieser Art, sondern sollte dafür genutzt werden, wofür sie gedacht ist: zum Essen und für die Erholung.

Die Hilfsfrage zur Einladung ist im Übrigen auch gut geeignet, um für das eigentliche Gespräch einen guten Einstieg zu formulieren. Die Frage wird nun zum Hilfssatz.

Zwei Beispiele:
„Wie ich Ihnen ja schon bei der Verabredung zu diesem Gespräch kurz geschildert habe (Vorgeschichte), möchte ich mit Ihnen (Rollen) über den Jahresurlaub (Thema) sprechen. In diesem Jahr ist der Zeitraum dafür noch nicht geklärt (Vorgeschichte) und für mich ist es wichtig, darüber mit Ihnen eine Vereinbarung zu treffen, an der ich mich orientieren kann (Ziel). Aus meiner Sicht …“

Oder:
„Ich arbeite seit zwei Jahren bei Ihnen. In der Zeit habe ich mich fortgebildet und aufgrund meiner Zusatzqualifikationen die Verantwortung für den Bereich XY übernommen. Seitdem ist der Umsatz dort gestiegen (Vorgeschichte). Ich möchte von Ihnen (Rollen) wissen, wie Sie meine Arbeit einschätzen, und über eine Gehaltserhöhung sprechen (Thema). Wenn Sie einverstanden sind, möchte ich zuerst meine Sicht kurz darlegen …“

Abschließend noch ein Tipp: Schreiben Sie sich den Einstieg auf und nehmen Sie Ihre Vorbereitung mit zum Gespräch. Das unterstützt Sie dabei, konkret und beim Thema zu bleiben und hilft, wenn man aufgeregt ist, das zu sagen, was man sagen möchte.

3 Konstruktive E-Mail-Kommunikation

Marion Nagel

Immer mehr E-Mails werden im beruflichen Kontext verschickt, oft landen bis zu 50 schriftliche Nachrichten täglich im Postfach. Wer denkt, dass E-Mails ein einfaches Mittel sind, das sich besonders gut für sachliche Kommunikation eignet, der irrt.

Auch schriftlich kommunizieren Sender und Empfänger, wie in einem direkten Gespräch, auf unterschiedlichen Ebenen. Es geht um ein Thema oder Sachverhalt, es werden Wünsche und Appelle „verpackt", mehr oder weniger offen Kritik geübt. Jede E-Mail hat eine Beziehungsebene und sie sagt immer etwas über den E-Mail-Versender aus. Wir senden also, gewollt oder nicht gewollt, implizite Botschaften mit. Rein sachliche E-Mails gibt es nicht. Je nach Situation und Stimmung wird die Nachricht vom Empfänger interpretiert, gedeutet oder wirft weitere Fragen auf.

Ein Beispiel aus dem Arbeitsalltag (hier geht es um eine schriftliche Erinnerung an alle Mitarbeiter, sich für eine notwendige interne Fortbildung anzumelden):

Abb. 3.1 Versetzen Sie sich in die Situation des Empfängers: Welche Gefühle löst Ihre E-Mail bei ihm aus?

Betr: Schulung neues Abrechnungssystem!!!
Liebes Team,
Es geht um die Fortbildung zum neuen Online-Abrechnungssystem. Ich will nur darauf hinweisen, dass 80 Prozent des Teams noch gar nichts in die Anmeldeliste geschrieben haben. Euch sollte klar sein, dass ihr diese Schulung so oder so machen müsst. Jetzt wäre eure Chance, das direkt abzufrühstücken.
Gruß K. Schmidt

Was kommt bei Ihnen an, wenn Sie diese E-Mail lesen? Haben Sie ebenfalls gleich schlechte Laune? Das war sicher nicht die Absicht des Senders. Schauen wir diese Mail aus zwei Blickrichtungen und auf unterschiedlichen Ebenen genauer an:
Aus der Sicht des Senders (was Herr Schmidt sagen will):
- Sachebene (worum geht es?): Das Thema dieser Mail ist der bisher niedrige Anmeldestand zu einer notwendigen internen Fortbildung.
- Selbstkundgabe (was der andere über sich mitsendet): Ich ärgere mich, ich bin genervt, weil ich schon wieder erinnern muss, ich habe Sorge, dass nicht rechtzeitig alle geschult sind.
- Beziehungsebene (wie wir zueinanderstehen): Ich darf Euch das (so) sagen, denn ich habe von der Chefin den Auftrag, die Fortbildung zu organisieren.
- Appellebene (was ich von den Empfängern will): Meldet Euch (endlich) an! Diese Fortbildung ist Pflicht!

Aus der Sicht des Empfängers (was bei mir ankommt, was ich heraus lese/höre):
- Sachebene: Erinnerung, sich zu einer internen Fortbildung anzumelden. Bisher gibt es wenige Anmeldungen
- Herr Schmidt ist sauer, weil sich ein Großteil der Mitarbeiter bisher noch nicht angemeldet hat
- Beziehungsebene: Wie kommt er denn dazu, SO mit uns zu reden? Wer glaubt er denn, wer er ist?
- Appell: Melde Dich an! Sofort!

Zurück bleiben in diesem Fall nicht nur ein ungutes Gefühl hinsichtlich des Tons der E-Mail und viele Möglichkeiten, diese zu missverstehen, sondern auch Fragen, wie zum Beispiel: Bis wann und wo muss man sich spätestens anmelden? Oder: Was mache ich, wenn ich am Fortbildungstag nicht kann?

Wir neigen gerade im beruflichen Alltag dazu, eher E-Mails zu schreiben. Grund dafür könnte das Gefühl sein, mit dem Absenden der Mail bereits etwas erledigt oder erreicht zu haben. Das ist meistens jedoch nicht der Fall, denn (fast) jede Mail zieht weitere Nachfragen oder Aufgaben nach sich, mit der man sich dann wieder beschäftigen muss. Darüber hinaus dauert es erheblich länger, Informationen schriftlich zu formulieren. Der Empfänger kann bei Unklarheiten nicht direkt zurückfragen wie bei einem persönlichen Gespräch. Am Anfang sollten Sie sich deshalb fragen: Ist die E-Mail für mein Anliegen wirklich das geeignete Mittel? Wäre ein kurzes Telefonat oder persönliches Gespräch nicht sinnvoller und schneller?

3.1 Arbeitsschritte für konstruktive E-Mail-Kommunikation

E-Mail-Kommunikation ist vielschichtig – und gerade im beruflichen Kontext sollte man beim Schreiben einige Punkte berücksichtigen:

1. Empfängerauswahl

Wer soll diese E-Mail bekommen? Wer benötigt diese Information wirklich? Und wer nicht? Man muss nicht das gesamte Team oder die Vorgesetzten in cc setzen, wenn es nicht alle betrifft. So helfen Sie, die E-Mail-Flut zu verringern.

2. Für Empfänger schreiben

Machen Sie es dem Adressaten leicht, Ihre Nachricht zu verstehen. Sich kurz in den/die Leser hineinzuversetzen, ist oft hilfreich. Fragen Sie sich: Welche Informationen hat der Empfänger, welche haben wir beide und über welche Information verfüge nur ich bisher? Fehlende Informationen ziehen sonst wieder mehrere Mails mit Nachfragen und damit mehr Arbeit nach sich. Machen Sie sich Gedanken darüber, welche weiteren Fragen (siehe Beispielmail oben) Ihre Mail beim Empfänger aufwerfen könnte und beantworten Sie diese möglichst gleich in Ihrer Nachricht. So gehören z. B. die Agenda oder Themen, die beim nächsten Teammeeting besprochen werden sollen, direkt in die Einladung bzw. als E-Mail-Anhang dazu.

3. Den Inhalt der E-Mail fokussieren und strukturieren

Generell gilt: Die E-Mail-Nachricht nicht mit vielen unterschiedlichen Themen überfrachten. Bei mehreren Anliegen lieber zwei E-Mails schreiben. Je einfacher und schneller der Empfänger den Inhalt erfassen kann, umso wahrscheinlicher ist es, dass die Nachricht so ankommt, wie sie soll und nichts übersehen wird. Wenn die Nachricht umfangreicher wird, strukturieren Sie ihre Mail durch Absätze, Überschriften oder Aufzählungszeichen und kennzeichnen Sie wichtige Punkte fett oder farbig.

4. Schreiben Sie, was Sie erwarten

Wenn Sie eine konkrete Handlung oder Reaktion (Rückmeldung, Antwort auf eine Frage u. ä.) erwarten, benennen Sie diese konkret. Wenn es eilt, machen Sie dies transparent und setzen ggf. eine Frist. Zwei Beispiele: „*Bitte melden Sie zeitnah, spätestens jedoch bis zum 31.01.XX zur Fortbildung an. Falls Sie nicht teilnehmen können, erwarte ich eine kurzfristige Rückmeldung, damit wir einen Nachholtermin absprechen können.*"

5. Im Betreff das Thema der Nachricht konkret benennen

Da heute viele im Beruf von E-Mail-Nachrichten „überflutet" werden und auf der Arbeit oft unter Zeitdruck stehen, überfliegen viele ihre Mails erst einmal und beantworten dann nach Wichtigkeit. Damit Ihre Nachricht nicht untergeht bzw. deren Wichtigkeit möglichst auf den ersten Blick erkannt wird, sollte der Betreff aussagekräftig und konkret sein und zum Inhalt der Mail passen. Verzichten Sie im Betreff auf (sich wiederholende) Ausrufezeichen und „Betreff-Schlangen" wie: „Re: Re: AW: Fwd: Re: Mail von Herrn Meyer".

Hilfreich kann es sein, im Betreff bestimmte „appellierende Schlagworte" zu nennen, wie: Zur Info: …; Bitte erledigen – …, Zur Erinnerung: …

Generell ist zu empfehlen, den Betreff als letztes, nach dem Schreiben der Mail zu formulieren. Dann weiß man, was der Fokus der Mails ist – dieser kann sich beim Schreiben ändern.

6. E-Mails mit kritischem oder schwierigem Inhalt nicht sofort abschicken

Gerade bei Mails zu schwierigen Themen oder mit konflikthaftem Inhalt von oder an Kollegen, Vorgesetzte oder Kunden passiert es leicht, dass man in einem heftigeren Ton reagiert, sich rechtfertigt und dann sofort die vermeintlich passende Antwort zurücksendet. Wie Sie im Beispiel gesehen haben, schicken Sie auch Emotionen unbewusst mit. Im ersten Ärger geschriebene Mails sind wenig hilfreich und führen oft zu weiteren Missverständnissen und Konflikten. Deshalb: Lassen Sie Ihre Mail mit kritischem Inhalt oder Antwort-Mails über Nacht oder zumindest einige Zeit liegen. Meist ist es nicht nötig, auf konflikthafte Mails unmittelbar zu reagieren oder zu schreiben. Mit einer Nacht dazwischen liest man seine E-Mail häufig anders und hat die Chance, sie noch einmal umzuformulieren.

Und: **Ironie** funktioniert oft schriftlich nicht oder wird vom Gegenüber gar nicht oder nicht wie gewünscht verstanden. Deshalb lieber vermeiden, vor allem im beruflichen Kontext.

Die E-Mail im Beispiel vom Anfang hätte Herr Schmidt sicher anders geschrieben, wenn er die oben genannten Punkte berücksichtigt hätte und ihm bewusst gewesen wäre, wie seine Nachricht auf die Empfänger wirkt:

Betr: Erinnerung: Anmeldung zur Schulung neue Online-Abrechnung

Liebe Kolleginnen und Kollegen,

am 15.02.XX findet unsere Fortbildung zum neuen Abrechnungssystem statt. Auf meine Mail von letzter Woche habe sich bisher nur wenige Mitarbeiter angemeldet. Ich erinnere heute daran, sich zeitnah, bis spätestens zum XX.XX.XX unter diesem Link anzumelden: www.anmeldung.de. Vielen Dank. Diese Fortbildung ist obligatorisch für alle Mitarbeitenden.

Falls Sie an diesem Termin nicht teilnehmen können, bitte ich um eine Rückmeldung bis zum Ende dieser Woche telefonisch oder per Mail. Sie erreichen mich unter karl.schmidt@apotheke.de oder 0123/456 789.

Beste Grüße

Karl Schmidt

---

4 Das Vorstellungsgespräch

Minou Hansen

Das Leben ändert sich – in heutigen Zeiten schneller und teils unvorhersehbarer als zu Zeiten unserer Eltern und Großeltern. Dass jemand sein ganzes Arbeitsleben in ein und derselben Apotheke verbringt, ist schon die Ausnahme. Die Notwendigkeit, ein überzeugendes Vorstellungsgespräch zu führen, besteht deshalb nicht nur für den Berufsnachwuchs.

Auch wenn sich im Moment alles gut und passend anfühlt, kann es doch sein, dass man sich demnächst nach einem neuen Arbeitsplatz umsieht oder auch umsehen muss. Sei es, dass die Apotheke schließt oder auf einen neuen Inhaber übergeht, mit dem man überhaupt nicht zurechtkommt. Sei es, dass sich die eigenen Lebensumstände ändern und man an einen anderen Ort zieht. Genauso kann es sein, dass man eine tolle Weiterbildung gemacht hat, das Wissen aber in der derzeitigen Apotheke nicht gefragt ist und auch nicht eingesetzt wird, sodass man nach einer Apotheke mit einer Ausrichtung sucht, die den eigenen Interessen mehr entgegenkommt.

Es gibt also vielfältige Gründe, warum man in die Situation kommen kann, einen neuen Arbeitsplatz zu suchen.

Abb. 4.1 Gute Vorbereitung lässt Sie selbstsicher ins Vorstellungsgespräch gehen.

4.1 Online-Bewerbung

Die Suche nach diesem neuen Arbeitsplatz beginnt man idealerweise auf der Homepage der Landesapothekerkammer, in deren Bereich die neue Apotheke liegen soll. Auch die pharmazeutischen Fachmedien bieten umfangreiche Online- oder Print-Stellenbörsen. Ist eine auf den ersten Blick passende Anzeige gefunden, werden die vorbereiteten Bewerbungsunterlagen dorthin übersandt.

Wer auf Stellensuche ist, bereitet am besten einen aktualisierten Lebenslauf vor und hält die erforderlichen Unterlagen bereit. Das sind Kopien der Abschlusszeugnisse (Schule und Ausbildung bzw. Studium), der Zeugnisse bisheriger Arbeitgeber und eventuell von Zertifikaten besonders umfangreicher Fort- oder Weiterbildungen. Diese werden für Online-Bewerbungen am besten eingescannt und als ein PDF-Dokument abgespeichert. Achten Sie auf die Dateigröße! Wenn man sich auf sehr attraktive und damit auch begehrte Positionen bewerben möchte, ist es günstig, alles vorbereitet zu haben, um nicht unnötig Zeit zu verlieren und vielleicht wegen später Abgabe aus dem Bewerbungsprozess auszuscheiden. Das bedeutet natürlich auch, dass man die Unterlagen auf einem aktuellen Stand haben sollte und bei Ausscheiden aus einem Arbeitsverhältnis darauf achten muss, zeitnah ein gutes Arbeitszeugnis zu erhalten.

Der Lebenslauf kann, wenn er aktuell ist, für alle Bewerbungen verwendet werden. Wichtig ist dabei zumindest im Moment noch ein gutes Foto. Im anglo-amerikanischen Sprachraum erfolgen Bewerbungen meist ohne Foto. Hintergrund ist dabei, eine Auswahl nicht wegen persönlicher Befindlichkeiten und Sympathien einzuschränken (natürlich auch nicht wegen der Herkunft), sondern sich auf sachliche, leistungsbezogene Gründe zu beziehen. In Deutschland werden (leider) meist noch Fotos verlangt. Für Online-Bewerbungen benötigen Sie ein digitales Foto. Deshalb gleich beim Fotografen eine Datei anfordern, das ist mittlerweile Standard. Machen Sie sich die Mühe, investieren Sie Geld in ein gutes Foto. Leider zählt der erste Eindruck häufig noch recht stark. Private Aufnahmen oder Schnappschüsse eignen sich nicht.

Wenn das alles gut vorbereitet ist, müssen Sie das Anschreiben individuell auf die Stelle zuschneiden, auf die Sie sich bewerben möchten. Werden „Muss"-Voraussetzungen verlangt, gehören diese an den Anfang des Schreibens, „Kann"-Voraussetzungen können im weiteren Verlauf erwähnt werden. Das Anschreiben wird dann unterschrieben und bei Online-Bewerbungen eingescannt und an die angegebene Anschrift geschickt. Alternativ können Sie in Word Ihre Unterschrift als Bild einbetten und zuletzt die Datei als pdf abspeichern.

Wichtig: Versenden Sie nur ein Dateiformat, nämlich pdf-Dateien. Insgesamt sollten Sie 5 MB nicht überschreiten (oder vorab telefonisch nachfragen, ob größere Dateimengen möglich sind).

4.2 Das Vorstellungsgespräch

In heutigen Zeiten, in denen Apothekenpersonal knapp und begehrt ist, werden Sie vermutlich schnell eine Information über den Eingang der Bewerbung und den weiteren Verlauf bekommen. Der zweite Schritt ist dann das Vorstellungsgespräch.

Ziel des Vorstellungsgesprächs ist in der Regel das Kennenlernen und Abklären, ob der Bewerber in das Team passt. Normalerweise werden mehrere Bewerber eingeladen, die

Abb. 4.2 Ihre Körperhaltung teilt dem Gesprächspartner viel über Ihre innere Verfassung mit.

nach ihren Unterlagen alle für die ausgeschriebene Stelle passend sind. Deshalb ist die gute Vorbereitung dieses Gesprächs ausgesprochen wichtig.

4.2.1 Gute Vorbereitung

Ein Schwerpunkt liegt dabei auf der inhaltlichen Vorbereitung. Holen Sie so viele Informationen wie möglich über die Apotheke ein, bei der Sie sich vorstellen möchten. Heutzutage ist dies durch das Internet einfach. Nutzen Sie dabei nicht nur die Homepage des Unternehmens. Schauen Sie auch, ob auf anderen Kanälen wie Facebook oder Youtube Informationen über die Apotheke, das Team oder die Apothekenleitung verfügbar sind. Mit diesen vertieften Informationen haben Sie eine bessere Basis für die eigene Klärung, ob Sie in dieser Apotheke gut aufgehoben sind. Gleichzeitig können Sie im Vorstellungsgespräch einen guten Einstieg finden und sich gegenüber den anderen Bewerbern in eine gute Position bringen.

4.2.2 Körpersprache

Eine gute Position verschaffen Sie sich auch tatsächlich durch eine gute (Körper-)Haltung. Überprüfen Sie am besten vor dem Gespräch durch einen Blick in den Spiegel, wie Sie normalerweise sitzen. Sieht das entspannt und selbstbewusst aus? Dann sollten Sie die Haltung beibehalten. Wirken Sie unsicher? Dann bringen Sie sich in eine Position, in der Sie Kompetenz ausstrahlen. Übrigens: Meistens spiegelt die äußere Haltung auch die innere. Wenn Sie nicht wirklich von sich überzeugt sind, dann überlegen Sie, woran das liegen könnte und was Sie verbessern müssten. Manchmal hilft es, sich selbst als das „Produkt" zu betrachten, von dem Sie einen Kunden in der Beratung überzeugen wollen. Funktioniert das gut, wenn Sie selber nicht wirklich überzeugt sind? Eher nicht. Wenn Sie herausgefunden haben, woran Ihre Unsicherheit liegt, versuchen Sie diesen Punkt zu klären und zu verbessern.

Wenn Sie zum Beispiel das Gefühl haben, dass Sie bei Rezepturherstellungen nicht wirklich sicher sind, sollten Sie sich vielleicht entsprechend fortbilden, bevor Sie sich für eine reine Labortätigkeit bewerben. Ebenso, wenn Sie sich für die Leitung der Kosmetikabteilung bewerben, aber Mitarbeiterführung und Betriebswirtschaft Ihnen völlig fremd sind. Versuchen Sie, sich entsprechendes Wissen anzueignen, wenn Sie sich nicht zutrauen, diese Fähigkeiten direkt im neuen Job zu erlernen.

Hier ist jeder Mitarbeiter unterschiedlich: Es gibt Menschen, die vor Selbstvertrauen strotzen und sich an der einen oder anderen Ecke vielleicht sogar etwas überschätzen. Und es gibt jene, die vielleicht sogar das umfangreichere Wissen haben, aber 150-prozentig sicher sein müssen, um sich wohlzufühlen. Wenn Sie, wie viele Frauen im Apothekenbereich, zu dieser zweiten Gruppe gehören, akzeptieren Sie das einfach. Aber nicht mit dem Ergebnis, dass Sie sich nichts zutrauen, sondern dass Sie sich entsprechend doppelt und dreifach vorbereiten, sodass auch Sie mit einem guten Gefühl starten können. Wenn Sie sich die neue Aufgabe zutrauen, werden Sie das auch widerspiegeln und Ihrem Gegenüber das beruhigende Gefühl vermitteln: „Die packt das schon!"

4.2.3 Kleider machen Bewerbungserfolg

Zur guten Position gehört auch die richtige Kleidung. Achten Sie darauf, etwas anzuziehen, indem Sie sich wohlfühlen. Dabei muss es natürlich ordentlich sein und beim Vorstellungsgespräch eher etwas „overdressed" als zu lässig. Ihr Gegenüber wird Sie mit den Augen seiner Kunden betrachten: Machen Sie einen seriösen und Vertrauen erweckenden Eindruck? Es empfiehlt sich, möglichst neutral aufzutreten. Je individueller Ihre Kleidung ist, desto größer ist die Gefahr, dass Sie bei Ihrem potentiellen Arbeitgeber danebenliegen.

4.2.4 Das Gespräch

Ist alles gut vorbereitet, können Sie entspannt in das Gespräch starten. Die Apothekenleitung wird das Gespräch leiten, sodass Sie auf den Verlauf und die besprochenen Punkte wenig Einfluss nehmen können. Nutzen Sie, wenn es Ihnen angeboten wird, die Gelegenheit, Fragen zu stellen – am besten überlegen Sie sich schon im Vorfeld, was Sie fragen könnten. Natürlich aber möglichst nichts, was schon erläutert wurde, sondern das, was offen geblieben ist und Sie interessiert.

Zum Ende des Gesprächs kommt in der Regel die Frage nach den Verdienstvorstellungen. Manchmal wird man bereits gebeten, die Gehaltsvorstellung in der schriftlichen Bewerbung mitzuteilen. Das fühlt sich zwar vielleicht ungewohnt an, man sollte aber eine Zahl angeben, wenn dies verlangt wird. Im Bereich öffentliche Apotheke ist dieses Gebot relativ einfach, weil sich alle Gehälter am Gehaltstarifvertrag orientieren. Sie sollten sich also vorher überlegen, wie viel Sie verdienen möchten. Günstig ist es, sich eine Untergrenze zu überlegen, die nicht unterschritten werden sollte, wenn Sie noch zufrieden sein wollen. Dann starten Sie mit einer Gehaltsangabe, die über Ihrem zu erreichenden Ziel liegt. Wenn Sie zum Beispiel 20 Prozent über Tarif verdienen möchten und Ihre Schmerzgrenze bei 15 Prozent liegt, fordern Sie zunächst etwa 23–25 Prozent über Tarif. In Deutschland ist es immer noch so, dass man sich bei Verhandlungen in der Mitte trifft. Ihr Gegenüber fühlt sich vielleicht auch besser, wenn ein Kompromiss ausgehandelt wird. Wenn Sie also sagen: *„Ich habe mir ein Gehalt vorgestellt, dass 25 Prozent über dem Tarif-*

gehalt liegt", wird die Antwort unter Umständen sein: *„Oh, damit habe ich jetzt nicht gerechnet, das ist ja ganz schön viel*". Kluge Taktiker schweigen jetzt einfach und warten, was als nächstes kommt – nicht sofort einknicken!

Kommt gar keine konkrete Gegenposition, kann man jetzt zurückfragen: *„Was hatten Sie sich denn vorgestellt?*" Und je nachdem, wie die Reaktion ausfällt, sollte man dann in den Raum stellen: *„Wie kommen wir denn da zusammen?*"

Jetzt muss sich Ihr Gegenüber etwas überlegen. Sie haben sich die Gedanken ja schon vorher gemacht und wissen, wo Ihre Grenzen sind. Klug kann es auch sein, noch ein paar andere Ideen dabei zu haben. Sollte man sich zum Beispiel beim Gehalt überhaupt nicht einigen können, kann man vielleicht noch einen Tag mehr Urlaub aushandeln – nach den tariflichen Regelungen entspricht ein Urlaubstag im Wert $^{1}/_{25}$ des tariflichen Bruttomonatsgehalts. Oder weniger Stunden arbeiten. Um hier flexibel reagieren zu können, sollte man bei der Gesprächsvorbereitung möglichst offen und weiträumig denken.

4.2.5 Der Abschluss

Am Ende des Gesprächs wird in der Regel nicht von Ihnen erwartet, dass Sie zu- oder absagen. Man verabschiedet sich und kündigt an, voneinander zu hören. An dieser Stelle bedankt man sich auch für die Zeit, die das Gegenüber aufgewendet hat. Falls Ihnen noch etwas Besonderes auffällt, wofür Sie Dank aussprechen können, ist jetzt der richtige Zeitpunkt. Hier ist auch die Frage angebracht: *„Wie verbleiben wir? Melden Sie sich? Oder soll ich mich bei Ihnen melden? Wann ist ein guter Zeitpunkt?*" Auf diese Weise müssen Sie nicht hilflos abwarten, bis sich jemand bei Ihnen meldet, sondern können zum vereinbarten Zeitpunkt tätig werden. Auch wenn vielleicht nicht jedes Vorstellungsgespräch mit einer Zusage endet, betrachten Sie es zumindest als Training. Auch hier gilt: Übung macht den Meister!

5 Erfolgreiche Vertragsverhandlung

Minou Hansen

Zu Beginn jedes Arbeitsverhältnisses steht der Abschluss eines Arbeitsvertrags. Idealerweise gleich in Schriftform, auch wenn es leider in einigen Apotheken immer noch üblich ist, Verträge nur mündlich zu schließen.

Aus den Erfahrungen in der Rechtsberatung bei ADEXA gibt es aber zwei klare Empfehlungen: Arbeitsverträge sollten immer schriftlich abgefasst werden! Und treten Sie das Arbeitsverhältnis erst an, wenn der schriftliche Arbeitsvertrag vorliegt und auch von beiden Seiten unterzeichnet ist.

Auch wenn in der Praxis meist die Apothekenleitung einen Arbeitsvertrag vorlegt und vom Bewerber erwartet, dass dieser so unterschrieben wird, sollte man sich über die Rechtsnatur eines Vertrags im Klaren sein: Ein Vertrag ist immer eine Einigung! Der zur Unterschrift vorgelegte Vertrag ist ein Angebot, dass Sie mit ihrer Unterschrift annehmen. Das müssen Sie aber nicht. Wenn in diesem Angebot Punkte enthalten sind, mit denen Sie nicht einverstanden sind oder die im Vorstellungsgespräch anders besprochen

Abb. 5.1 Es ist wichtig, alle Klauseln im Arbeitsvertrag vor der Unterschrift zu verstehen – und eventuell nachzuverhandeln.

wurden, können und sollten Sie ein Gegenangebot machen. Ihr Gegenüber wird sich dann überlegen, ob er oder sie das akzeptieren kann.

Vor der Unterschrift sollte man einen Vertrag also immer ganz genau prüfen bzw. prüfen lassen! Lassen Sie sich dabei nicht drängen. Hier kann man zum Beispiel freundlich sagen: *„Der Vertrag ist mir sehr wichtig, ich möchte ihn ganz in Ruhe durchsehen."* Punkte, die unklar sind oder die Sie nicht verstehen, sprechen Sie bitte an und lassen Sie sich von Ihrem künftigen Arbeitgeber oder ADEXA erklären.

5.1 Wichtige Aspekte im Vertrag

Im Apothekenbereich haben sich folgende Aspekte als wichtig und kritisch erwiesen.

5.1.1 Arbeitsort

Der Arbeitsort ist meist zu Beginn des Arbeitsvertrags festgelegt. In Zeiten zunehmender Filialisierung enthalten mittlerweile die meisten Arbeitsverträge den Zusatz, dass die Mitarbeiter auch in anderen Filialen oder der Hauptapotheke eingesetzt werden können. Das ist grundsätzlich nicht zu beanstanden und nachvollziehbar. Wer damit allerdings ein Problem hat, weil die Filiale zum Beispiel schlecht zu erreichen ist oder dort Kolleginnen arbeiten, mit denen man nicht gut zurechtkommt, sollte diesen Passus streichen lassen. Alternativ kann man eine Vereinbarung über die eventuell entstehenden höheren Fahrtkosten oder die Fahrtzeit treffen. Im Gespräch mit der künftigen Apothekenleitung kann man außerdem klarstellen, dass man nicht bereit ist, innerhalb eines Arbeitstages in zwei Apotheken zu arbeiten. Es sei denn, das macht Ihnen Spaß.

5.1.2 Tätigkeit

Die Art der zu leistenden Arbeit richtet sich üblicherweise nach Ihrem Berufsbild. Hier gibt es meist keine Besonderheiten im Vertrag zu beachten. Dann folgen, im Zusammenhang stehend, das Gehalt und die Arbeitszeit.

5.1.3 Gehalt

Bei der Formulierung des Gehalts achten Sie unbedingt darauf, dass sich im Arbeitsvertrag exakt die Vereinbarung wiederfindet, die Sie mit Ihrem künftigen Arbeitgeber getroffen haben. Wenn Sie – wie ADEXA empfiehlt – abhängig von Ihrer besonderen Qualifikation und der ortsüblichen Bezahlungen einen Zuschlag zum Tarifgehalt vereinbart haben, sollte dies auch so in Ihrem Arbeitsvertrag formuliert sein. Ein Beispiel:

Als PTA im 7. Berufsjahr haben Sie Tarifgehalt plus 20 Prozent vereinbart. Setzen Sie dann im Vertrag bitte keinen festen Betrag ein, also nicht „2 768,40 Euro". Es bleibt bei „Tarifgehalt plus 20 Prozent".

Nur auf diese Weise können Sie sicherstellen, dass Sie an den zukünftigen Erhöhungen des Tarifgehalts teilnehmen, ohne neue Gehaltsverhandlungen führen zu müssen. Sei es durch Ihren Aufstieg in die nächsthöhere Berufsjahresgruppe, sei es durch einen neuen Tarifabschluss.

Achten Sie außerdem darauf, dass beim Gehalt kein Zusatz enthalten ist, dass zukünftige Erhöhungen des Tarifgehalts auf die übertarifliche Zulage angerechnet werden können. Auch dies würde bedeuten, dass Ihr übertariflicher Gehaltsanteil abschmilzt. Und

Sie hätten erst wieder Anspruch auf eine Gehaltserhöhung, wenn das Tarifgehalt höher ist als der übertarifliche Betrag, der in Ihrem Arbeitsvertrag vereinbart ist.

5.1.4 Sonderzahlung

Weiter geht es dann meist mit Sonderzahlungen oder dem Weihnachtsgeld. Bei tarifgebundenen Arbeitsverhältnissen ist die Sonderzahlung, also ein 13. tarifliches Bruttomonatsgehalt, Bestandteil des Gehalts. Diese Sonderzahlung kann zwar auf bis zu 50 Prozent gekürzt werden, wenn es der Apotheke wirtschaftlich sehr schlecht geht. Sie können sich aber als Mitarbeiterin oder Mitarbeiter darauf verlassen, dass Sie diese Zahlung spätestens mit dem Novembergehalt bekommen. Sie müssen sie auch nicht wieder zurückzahlen, wenn Sie das Arbeitsverhältnis im Jahr nach der Auszahlung kündigen, wie dies in vielen außertariflichen Arbeitsverträgen vereinbart ist. Die Sonderzahlung ist Bestandteil des Tarifgehalts. Wenn in Ihrem Arbeitsvertrag keine oder eine zu geringe Sonderzahlung vereinbart ist, sinkt rechnerisch Ihr übertariflicher Gehaltsanteil. Also bitte aufpassen!

Wenn beide Seiten Mitglied in ihrer tarifvertragschließenden Partei sind, also Sie Mitglied bei ADEXA und Ihre Apothekenleitung Mitglied im Arbeitgeberverband Deutscher Apotheken (ADA), der TGL Nordrhein (oder, sobald für den Kammerbezirk Sachsen auch ein Tarifvertrag abgeschlossen wird, im Sächsischen Apothekerverband), gelten die tariflichen Bestimmungen als Mindestanforderung. Sie dürfen in diesem Fall nicht unterschritten werden!

Sollten Sie also feststellen, dass Ihnen ein Vertrag vorgelegt wird, der zu Ihren Ungunsten vom Tarifvertrag abweicht, antworten Sie: *„Mich wundert, dass Sie hier von den tariflichen Regeln abweichen. Das ist doch für mich eine ganz unglückliche Regelung so. Ich arbeite grundsätzlich nur nach den tariflichen Standards.“*

5.1.5 Arbeitszeit

Im Anschluss an die Vereinbarung zum Gehalt folgt üblicherweise die Arbeitszeit. Hier wird eine wöchentliche Stundenzahl vereinbart, auf deren Basis auch das Gehalt entsprechend berechnet wird. Die Erfahrung hat gezeigt, dass es für den weiteren Verlauf des Arbeitsverhältnisses günstig ist, wenn die Lage der Arbeitszeiten (also zum Beispiel Montag 8.00–14:00 Uhr, Dienstag 8:00–17:30 Uhr, Mittwoch frei, ...) bereits im Arbeitsvertrag vereinbart ist. Wenn sich beide Seiten hierüber geeinigt haben und dies schriftlich fixiert ist, ist auch die Arbeitgeberseite daran gebunden. Ohne diese Vereinbarung liegt die Lage der Arbeitszeiten nämlich im sogenannten Direktionsrecht des Arbeitgebers und kann von diesem jederzeit geändert werden. Selbst nach langjähriger betrieblicher Übung entsteht kein Gewohnheitsrecht auf bestimmte Zeiten oder freie Tage.

5.1.6 Jahresarbeitszeitkonto

Ein Sonderfall ist das tarifliche Jahresarbeitszeitkonto. Abweichend von der gesetzlich eigentlich vorgesehenen Konstruktion ist die Idee dahinter, dass nicht in jeder Woche die gleiche Stundenzahl gearbeitet wird, für die auch das Gehalt gezahlt wird. Stattdessen schwankt die wöchentliche Arbeitszeit, um zum Beispiel Mehrbedarf während der üblichen Urlaubszeiten oder in der Erkältungssaison und somit kundenstarken Zeit im Spätherbst auszugleichen. Erst am Jahresende soll das Jahresarbeitszeitkonto ausgeglichen sein.

Für die Arbeitgeberseite hat solch ein Konto den Vorteil, dass die Mitarbeiter flexibler eingesetzt werden können und die Gefahr von Personalengpässen gering ist.

Abb. 5.2 Im Arbeitsvertrag sollte auch der Urlaubsanspruch festgelegt sein.

Auch für Sie als Mitarbeiter besteht ein Vorteil. Denn Sie erhalten während des gesamten Jahres – auch im Urlaub – ein Gehalt für eine höhere Stundenzahl, als Sie im Regelfall arbeiten. Das ist günstiger als ein niedrigeres Grundgehalt plus Überstunden.

Damit das Jahresarbeitszeitkonto funktioniert und auch an Feiertagen oder bei Krankheit keine Unklarheiten entstehen, wie viele Stunden für den jeweiligen Tag einzutragen sind, haben die Tarifvertragsparteien vereinbart, dass die regelmäßigen Arbeitszeiten schriftlich festgelegt werden müssen. Wer sich auf ein Jahresarbeitszeitkonto einlässt, sollte also darauf achten, dass die Zeiten schriftlich festgehalten sind (▸ Kap. 15.2).

5.1.7 Urlaubsanspruch

Bei der Festlegung der Urlaubsansprüche ist lediglich die ausreichende Anzahl an Urlaubstagen zu beachten: Gesetzlich vorgeschrieben sind 24 Werktage, bei Tarifbindung müssen es mindestens 33, bei mehr als fünfjähriger Betriebszugehörigkeit 34 Werktage sein. Falls Sie hier etwas für Sie als Mitarbeiter positiv Abweichendes vereinbart haben, muss das auch im schriftlichen Vertrag ersichtlich sein.

5.1.8 Kündigungsfristen

Ein weiterer wesentlicher Bestandteil des Arbeitsvertrags sind die Kündigungsfristen. Gesetzlich vorgeschrieben sind nach Ablauf der Probezeit vier Wochen zum 15. oder zum Monatsende. Tariflich ist zunächst ein Monat zum Monatsende für Arbeitgeber wie Arbeitnehmer vorgesehen.

Kündigt der Arbeitgeber einen Mitarbeiter mit längerer Betriebszugehörigkeit, so verlängert sich seine Kündigungsfrist auf bis zu sieben Monate bei mehr als zwanzigjähriger Betriebszugehörigkeit. Für den Mitarbeiter bleibt es bei den kurzen Fristen, wenn im Vertrag nichts anderes vereinbart ist. Hier gibt es unterschiedliche Varianten, da in Zeiten des Personalmangels die Apothekeninhaber natürlich möglichst lange Kündigungsfristen für die Mitarbeiter vereinbaren möchten, damit sie selber genug Zeit haben, Ersatz zu finden. Dagegen ist grundsätzlich auch nichts einzuwenden.

Allerdings muss man als Mitarbeiter darauf achten, selbst flexibel genug für einen Jobwechsel zu bleiben. Deshalb sind zum Beispiel die früher üblichen sechs Wochen zum Quartalsende nicht zu empfehlen, da man selber dann nur an vier Terminen im Jahr kündigen kann. Die mittlerweile sehr verbreitete Vorgabe, dass die gesetzlich verlängerten Kündigungsfristen auch für die Mitarbeiter gelten sollen, ist zwar bei Tarifbindung zulässig, ADEXA empfiehlt aber, dies auf höchstens drei Monate zum Monatsende zu begrenzen. Dies ist ein für beide Seiten fairer Zeitraum.

5.1.9 Probezeit

Die Probezeit, die entweder an dieser Stelle des Vertrags oder gleich zu Beginn erwähnt wird, darf laut Gesetz höchstens sechs Monate mit einer Kündigungsfrist von mindestens zwei Wochen betragen. Die Tarifvertragsparteien im Apothekenbereich sind hiervon abgewichen und gehen von einer dreimonatigen Probezeit mit einwöchiger Kündigungsfrist aus. Ist die Probezeit länger als drei Monate, gilt auch hier eine Frist von zwei Wochen. Längere Fristen können vereinbart werden, längere Probezeiten allerdings nicht.

5.1.10 Vertragsstrafen

In manchen Verträgen gibt es zusätzlich noch Vereinbarungen zu Vertragsstrafen oder Wettbewerbsverboten.

Eine Vertragsstrafe wird oft für den Fall vereinbart, dass der Mitarbeiter sein Arbeitsverhältnis schuldhaft nicht antritt oder sich bei der Beendigung nicht an die vereinbarten Kündigungsfristen hält. Aus Sicht des Mitarbeiters relativiert sich so eine Vereinbarung etwas, weil man es ja stets selbst in der Hand hat, die Strafe auszulösen. Andererseits belastet eine Strafandrohung ein Arbeitsverhältnis, das von gegenseitigem Vertrauen geprägt sein sollte, unnötig.

5.1.11 Wettbewerbsverbot

Ein nachvertragliches Wettbewerbsverbot soll erreichen, dass ein Mitarbeiter nach dem Ende seiner Tätigkeit in der Apotheke nicht „seine" Stammkunden und Patienten mitnimmt. Deshalb wird Angestellten auferlegt, nach Ende der Beschäftigung in der einen Apotheke für einen bestimmten Zeitraum nicht selbstständig oder angestellt in einer anderen Apotheke in einem festgelegten Umkreis tätig zu werden. Ein solches Wettbewerbsverbot ist eingeschränkt zulässig und an bestimmte Vorgaben geknüpft.

Wichtigste Voraussetzung ist, dass dem ausscheidenden Mitarbeiter für die Dauer des Wettbewerbsverbots eine sogenannte **Karenzentschädigung** gezahlt wird. Sie beläuft sich auf die Hälfte der zuletzt gezahlten monatlichen Vergütung. Allein an dieser Voraussetzung scheitern die meisten vertraglichen Vereinbarungen zum Wettbewerbsverbot. Wer eine solche Klausel vorgelegt bekommt, tut gut daran, sie anwaltlich prüfen zu lassen. Im Zweifelsfall weiß auch die Apothekenleitung nicht, welche Wirksamkeitsvoraussetzungen hier gelten.

5.1.12 Verschwiegenheitsverpflichtung

Schließlich enthalten fast alle Arbeitsverträge aus dem Apothekenbereich Verschwiegenheitsverpflichtungen, mit denen der Datenschutz gewahrt werden soll.

Sofern Angaben zu Ihrem Gesundheitszustand im Vertrag formuliert sind, sind diese nur bindend, soweit sie sich konkret auf diesen Arbeitsplatz auswirken.

5.1.13 Nebentätigkeiten

Auch das Verbot von Nebentätigkeiten kann unwirksam sein. Das pauschale Verbot einer Nebenbeschäftigung ohne vorherige Genehmigung durch den Arbeitgeber ist grundsätzlich nicht wirksam. Verboten werden darf die Nebenbeschäftigung, wenn Sie in einer Konkurrenzapotheke tätig werden möchten oder die Höchstgrenzen nach dem Arbeitszeitgesetz überschreiten würden.

5.2 Zusammenfassung

Dies sind die wichtigsten und häufigsten Fragen, die in der gewerkschaftlichen Rechtsberatung zu Arbeitsverträgen aus dem Apothekenbereich vorgelegt werden. Das heißt natürlich nicht, dass in Ihrem individuellen Vertrag nicht noch weitere Punkte enthalten sein können, die Ihnen nicht gefallen oder nicht verständlich sind.

Deshalb wirklich die Empfehlung, alles anzusprechen und dann so zu verhandeln, dass Sie mit dem Ergebnis zufrieden sind. Behalten Sie dabei immer im Hinterkopf, dass ein Vertrag ein Ergebnis von Verhandlungen und eine Einigung darstellt. Geht man wertschätzend miteinander um, kann schon mit der Aushandlung des Arbeitsvertrags der Grundstein für eine gute Zusammenarbeit gelegt werden. Sie können also durchaus äußern: *„Vielen Dank, dass Sie mir den Arbeitsvertrag so zeitig übersandt haben. Vieles von dem, was wir im Vorstellungsgespräch geklärt hatten, finde ich darin wieder. Irritiert hat mich allerdings, dass die Sonderzahlung eine freiwillige Leistung sein soll. Da hatten wir doch die Geltung des Tarifvertrags vereinbart.“*

Ihre Chefin in spe sagt jetzt vielleicht: *„Ach, das kommt von meinem Steuerberater. Er möchte, dass wir da flexibel bleiben. Wissen Sie, ich zahle meinen Mitarbeitern immer ein Weihnachtsgeld. Machen Sie sich mal keine Sorgen.“*

Eine mögliche Antwort wäre: *„Leider habe ich in diesem Punkt ganz schlechte Erfahrungen gemacht. Er ist daher bei mir nicht verhandelbar. Vielleicht können Sie das mit Ihrem Steuerberater so klären. Was meinen Sie?“*

Auf Kompromisse sollte man sich an dieser Stelle nicht einlassen. An anderen Stellen, wie zum Beispiel der Lage der Arbeitszeit, kann man sich eventuell annähern, indem man sich, soweit man selber das leisten kann, nur auf bestimmte Tage oder Tageszeiten festlegt.

Achten Sie darauf, einen Vertrag abzuschließen, der für Sie stimmig ist und zu Ihrem Leben passt.

6 Überstunden

Minou Hansen

Für viele Mitarbeiter in der öffentlichen Apotheke ist etwas Alltag, das eigentlich die Ausnahme sein sollte: Überstunden und Mehrarbeit. Hier geht es darum, wie Sie dabei Ihre tariflichen Ansprüche und persönlichen Interessen wahren.

Die Grundidee des Arbeitsverhältnisses sollte sein, dass eine Apothekenleitung sich genau überlegt, wie viele Mitarbeiter mit wie vielen Stunden benötigt werden und diese auch entsprechend einstellt. Dabei muss man als vorausschauender Arbeitgeber natürlich einkalkulieren, dass Mitarbeiter auch ihren Urlaub in Anspruch nehmen werden. Pro Mitarbeiter muss also zum Beispiel der tarifliche Urlaubsanspruch von 5,5 Wochen durch eine Vertretung abgedeckt werden. Bei zehn Mitarbeitern in einer Apotheke muss also rechnerisch praktisch noch eine zusätzliche Kraft eingestellt werden, die die Urlaubszeiten abdeckt.

Nur wenn trotz dieser guten Planung dann eine Unterdeckung eintritt, weil etwa in der Urlaubszeit jemand erkrankt oder eine schwangere Mitarbeiterin von heute auf morgen ein Beschäftigungsverbot erhält und es kurzfristig nicht möglich ist, eine Ersatzkraft einzustellen, darf von den restlichen in Frage kommenden Mitarbeitern Mehrarbeit verlangt werden.

Abb. 6.1 Für Überstunden muss nach Tarifvertrag ein Zuschlag gewährt werden.

6.1 Zulässigkeit

In vielen Apotheken ist eine Unterbesetzung aber ein Dauerzustand. Und es wird von allen Mitarbeitern verlangt, dass sie Überstunden machen – dies entspricht weder der gesetzlichen noch der tariflichen Regelung. Nach § 7 BRTV/RTV kann der Apothekeninhaber in begründeten Einzelfällen über die regelmäßige Arbeitszeit hinaus vom Mitarbeiter Mehrarbeit im gesetzlichen Rahmen verlangen. Wichtig ist dabei schon die Formulierung „Einzelfall“ und „begründet“. Das bedeutet eben nicht, dass Mehrarbeit ein Dauerzustand ist, sondern dass die Mitarbeiter im Regelfall ihre vertraglich vereinbarte Arbeitszeit ableisten und nur ausnahmsweise darüber hinaus arbeiten müssen. Ebenso müsste theoretisch die Anforderung der Mehrarbeit auch begründet werden.

6.2 Wann werden Zuschläge fällig?

Schließlich – und auch das wird gerade im Apothekenbereich selten beachtet – muss Mehrarbeit unter bestimmten Umständen mit Zuschlägen versehen werden. So muss für Mehrarbeit ab der 41. Stunde in der Woche ein Zuschlag von 25 Prozent gezahlt werden, ab der 51. Stunde pro Woche sogar ein Zuschlag von 50 Prozent. Nach der tariflichen Regelung liegt es dabei in der Wahl des Apothekeninhabers, ob die Vergütung in Geld oder in Freizeit gezahlt wird.

Was ist jetzt also zu tun, wenn Sie in Ihrer Apotheke damit konfrontiert werden? Wenn die Anfrage Ihres Arbeitgebers überraschend kommt, kann man sich am besten erstmal etwas Zeit verschaffen (und auch darauf hinweisen, dass das Organisieren komplizierter ist), indem man um Bedenkzeit bittet:

„Frau Jansen, in der nächsten Woche fehlt uns eine PTA, weil Frau Müller im Urlaub ist. Sind Sie so nett und kommen dann nachmittags auch?“ Hier könnte man antworten: *„Oh, da muss ich erst einmal schauen. Ich arbeite ja nur vormittags, weil ich am Nachmittag keine Betreuung für meine Kinder habe. Ich werde Ihnen dann morgen Bescheid geben, ob und an welchen Tagen ich das einrichten kann.“*

Hierauf wird Ihre Apothekenleitung – je nachdem, wie willig die anderen Mitarbeiter bislang waren, mehr oder weniger begeistert reagieren. Gerade wenn Sie grundsätzlich keine Überstunden leisten möchten, sollten Sie sich hier aber nicht erweichen lassen: Wer immer bereitwillig einspringt, riskiert, jeweils als erstes angesprochen zu werden und kann leider wenig Wertschätzung für seinen Einsatz erwarten.

6.3 Vorabklärung des eigenen Spielraums

Jetzt ist es an Ihnen, sich zu überlegen, ob und wieviel Sie Mehrarbeit leisten können. Wer nicht mehr arbeiten kann oder will, sollte dies auch deutlich kommunizieren: *„Für mich ist es leider nicht möglich, mehr als XX Stunden zu arbeiten. Ich habe mich bewusst für eine Teilzeittätigkeit entschieden und möchte Sie bitten, das auch so zu respektieren.“*

Wer entgegenkommen möchte, sollte auch auf seine Rechte achten: *„Ich kann mir ausnahmsweise zwei Nachmittage freihalten und zusätzlich arbeiten. Dann sind es bei mir diese Woche aber 45 Stunden, da fallen dann ja Zuschläge an.“*

Oder: „*Diese Woche kann ich es einrichten, allerdings muss ich dafür einiges verschieben. Deshalb ist es mir wichtig, dass Sie die Überstunden dieses Mal nicht auszahlen, sondern dass ich in der Woche xy dafür Überstunden abbummeln kann.*“

Wenn die Antwort der Apothekenleitung dann lautet: „*Das habe ich ja noch nie gehört, wo gibt's denn so was? Wir sind knapp und da muss jeder mal mehr arbeiten!*“, sollte man bei seiner Aussage bleiben: „*Ich springe im Notfall gerne ein – aber das ist für mich ein Dauerzustand und kein Notfall mehr. Sie wollten ausdrücklich nur eine 25-Stunden-Kraft einstellen. Darauf haben wir uns geeinigt und ich bitte Sie, das zu respektieren. Gerne können wir darüber sprechen, meine Stundenzahl dauerhaft zu erhöhen. Vielleicht ist das der bessere Weg, damit wir uns beide darauf einstellen können. Was meinen Sie?*“

6.4 Grundsätzliche Klärung bei Häufung

Manchmal ist es auch Zeit für ein Grundsatzgespräch, das man idealerweise als Team führen sollte: „*Jeder von uns hier ist gerne bereit, in Notsituationen für die Apotheke einzuspringen. Das haben Sie sicher in der Vergangenheit auch schon gemerkt. Allerdings haben wir uns fast alle bewusst für eine bestimmte Stundenzahl entschieden und zu der möchten wir auch wieder zurückkommen. Es zeigt sich doch, dass wir einfach unterbesetzt sind. Deshalb stellen wir uns vor, dass Sie entweder noch eine PTA einstellen oder unsere Wochenstunden dauerhaft erhöhen. Was ist für Sie der passendere Weg?*“

Noch ein Hinweis: Wenn Sie in Ihrem Arbeitsvertrag ein Jahresarbeitszeitkonto vereinbart haben, kann die wöchentliche Arbeitszeit natürlich schwanken. Was es zu diesem Thema zu beachten gilt, klären wir in ▸Kap. 5.16 und ▸Kap. 15.

7 Arbeitsanweisungen

Minou Hansen

Wer in der Apotheke arbeitet, kennt vermutlich die Situation, dass man eine Arbeitsanweisung per Zuruf bekommt (*„Können Sie heute bitte mal die Medikamente ausfahren. Der Bote ist krank"*) oder auch per Rundschreiben (*„Ab Januar gibt es einheitliche Kleidung in der Apotheke. Jede/r Mitarbeiter/in erhält drei Kittel und trägt dazu weiße Hosen oder Röcke."*) Wo liegen die Grenzen?

7.1 Kleidung

Eine Frage, die sich meist schon zu Anfang eines Arbeitsverhältnisses stellt, ist die nach Kleidung und Frisur. Wer sich in einer Apotheke bewirbt, hat ja bereits gesehen, ob in der Apotheke einheitliche Kleidung getragen wird und ob man sich damit geschmacklich arrangieren kann. Stellt man zum Beispiel beim Blick auf die Homepage oder beim Besuch der Apotheke fest, dass dort eine Farbe getragen wird, in der man sich überhaupt nicht wohlfühlen könnte, sollte man seine Entscheidung für diesen Arbeitsplatz vielleicht noch einmal überdenken. Die Entscheidung für eine bestimmte Kleidung hängt meist mit der Entscheidung für eine Corporate Identity (CI) zusammen, also dem einheitlichen Auftritt des Unternehmens Apotheke nach außen. Dies ist langfristig geplant und äußert sich in der Regel nicht nur in der Farbe der Kleidung, sondern auch in der Apothekeneinrichtung und im Werbematerial. Als neuer Mitarbeiter wird man sich damit arrangieren müssen.

Abb. 7.1 Welche Kleidung das Team trägt, entscheidet die Apothekenleitung.

7.1.1 Wer trägt die Kosten?

Auch im laufenden Arbeitsverhältnis kann es dazu kommen, dass man sich mit einer neuen Kleidungsordnung arrangieren muss, wenn eine Apotheke verkauft wird oder sich die Apothekenleitung zu diesem Schritt entschließt. Falls es sich jetzt nicht gerade um entwürdigende Kleidung handelt, wie zum Beispiel superkurze Miniröcke oder sehr tiefe Ausschnitte (was im Apothekenbereich ausgesprochen ungewöhnlich wäre), muss man sich als Mitarbeiterin dieser unternehmerischen Entscheidung beugen und die Kleidung tragen. Bei den Kosten ist man als Mitarbeiterin dann allerdings entlastet: Kleidung, die nur in der Apotheke getragen werden kann, also alles, was mit Apothekenlogo bestickt oder bedruckt ist, muss von der Apothekenleitung gestellt werden. Wenn dazu zum Beispiel weiße Hosen vorgeschrieben sind, die auch privat getragen werden können, ist es zulässig, die Kosten hierfür den Mitarbeitern zu überlassen.

7.1.2 Wer übernimmt die Reinigung?

Kittel sind selbstverständlich von der Apotheke zu stellen, wenn das Tragen von Kitteln gewünscht wird. Zur Reinigung gibt es keine einheitlichen Regelungen; hier geht jede Apotheke anders vor. Üblich und bei hochwertiger Kleidung auch sinnvoll ist die Reinigung durch die Apotheke. Bei Poloshirts ist es meist praktikabler, dass diese durch die Mitarbeiter selbst gewaschen werden. Sofern diese mit der üblichen Wäsche gemeinsam gewaschen werden können, entstehen ja auch keine zusätzlichen Kosten.

7.1.3 Das persönliche Styling

In einigen Apotheken gibt es Vorgaben hinsichtlich Frisur und Make-up oder auch Piercings. Dies betrifft allerdings Ihr allgemeines Persönlichkeitsrecht und unterliegt nur eingeschränkt dem Weisungsrecht des Arbeitgebers. Gleichzeitig ist eine Apotheke natürlich ein Betrieb mit Kundenverkehr, bei dem die Leitung Vorgaben machen kann, um Kunden nicht abzuschrecken. So könnte eine Apothekenleitung einen „ordentlichen und gepflegten" Auftritt verlangen, aber nicht, dass eine Mitarbeiterin sich schminkt. Ein sehr auffälliges Make-up, vielleicht mit schwarzen Lippen oder Ähnlichem, könnte allerdings untersagt werden, sofern es nicht zum Auftritt der Apotheke passt und Kunden irritieren könnte. Das gleiche gilt für Piercings und Tattoos: Dezenter Körperschmuck ist nicht zu beanstanden, bei sehr auffälligen Piercings und Tattoos, vielleicht im Gesicht oder Halsbereich, könnte die Apothekenleitung unter Umständen verlangen, diese zu bedecken bzw. Piercings während der Arbeitszeit zu entfernen. Ob dies rechtens ist, kann aber auch von der Apotheke abhängen. Eine Kiez-Apotheke auf St. Pauli hat seitens der Kunden andere Anforderungen als eine Apotheke in der Holsteinischen Schweiz. Hier kommt es also immer auf den Einzelfall an.

7.2 Tätigkeitsfeld

7.2.1 Botenfahrten

Manchmal kann eine Unstimmigkeit auch über die Art der zu leistenden Arbeit entstehen, so zum Beispiel die Bitte der Apothekenleitung, Botenfahrten zu übernehmen. Wenn man überhaupt bereit ist, dies zu tun, sollte bei Botenfahrten auf jeden Fall eine ausreichende Versicherung des eigenen PKW gewährleistet sein bzw. ansonsten ein Apothekenfahrzeug gestellt werden.

Abb. 7.2 Ob Tattoos oder Piercings in der Apotheke sichtbar getragen werden dürfen, ist vom Einzelfall abhängig.

Erwartet die Apothekenleitung von einem Mitarbeiter die Übernahme von Botenfahrten, sollte das bereits im Einstellungsgespräch so vermittelt werden. Solche Fahrten gehören bei keinem Apothekenberuf zum typischen Berufsbild und müssen immer gesondert besprochen werden. Hier kann man sich als Mitarbeiter, an den während des laufenden Arbeitsverhältnisses die Bitte herangetragen wird, Botenfahrten zu übernehmen, auch wehren.

Anders kann es sein, wenn der reguläre Bote kurzfristig ausfällt und Medikamente ausgeliefert werden müssen. Hier kann letztlich jeder Mitarbeiter herangezogen werden – natürlich unter der Voraussetzung einer ausreichenden Versicherung und der Bezahlung der aufgewendeten Zeit als Arbeitszeit.

7.2.2 Reinigungsarbeiten

Das gleiche gilt für Reinigungsarbeiten. Im Normalfall ist das Apothekenpersonal dazu nicht verpflichtet. Es gibt das Reinigungspersonal, das dafür eingestellt wird. Niemand ist also verpflichtet, die Toiletten zu putzen, weil die Reinigungskraft eingespart werden soll.

Allerdings kann natürlich jeder Mitarbeiter verpflichtet werden, seinen Arbeitsplatz sauber zu halten. Wenn es die allgemeine Anweisung gibt, tagsüber verschmutzte Flächen abzuwischen und darauf zu achten, dass die Tische in der Offizin sauber sind, ist dagegen nichts einzuwenden. Ebenso dann, wenn zum Beispiel wegen Schnee oder Regen die Kunden mit dreckigen Schuhen in die Apotheke kommen oder etwas verschüttet wurde und angeordnet wird, dass eine der PTA im Handverkauf kurz den Boden wischt.

Anders ist es, wenn ein Mitarbeiter, um ihn vor den anderen herabzusetzen, ständig mit derartigen Arbeiten betraut wird. Dann sollte man sich zur Wehr setzen. Am besten nicht mit einem bloßen *„Das mache ich jetzt nicht!"* Sondern, indem man um ein Gespräch bittet, das Sie mit den Worten eröffnen könnten: *„Ich habe Sie um dieses Gespräch gebeten,* *weil ich mit Ihnen darüber sprechen möchte, dass Sie mich in letzter Zeit so oft mit Reinigungsarbeiten beschäftigen. Sie wissen, dass ich im Notfall gerne einspringe. So wie es im Moment läuft, fühle ich mich aber damit herabgesetzt, auch im Verhältnis zu meinen Kolleginnen. Es fühlt sich so an, als sei meine Arbeit weniger wert als die der anderen.“*

Sollte jetzt die Antwort kommen: „*Naja, Sie sind ja schließlich auch nur die PKA. Wer soll es denn sonst machen?*“ können Sie selbstbewusst erwidern: „*Ganz genau, ich bin hier für das Kaufmännische zuständig und dafür auch ausgebildet. Für Reinigungsarbeiten haben wir doch unser Reinigungspersonal. In letzter Zeit fällt dies leider häufiger aus. Vielleicht können wir uns nach einer anderen Firma umsehen. Was halten Sie davon, wenn ich mich darum kümmere?*“ Auch an dieser Stelle ist es also günstig, das Gespräch zu suchen und dem Arbeitgeber zu vermitteln, dass man an einer konstruktiven Lösung interessiert ist.

Geht es darum, die Schubladen auszuwischen, ist das natürlich nicht Aufgabe des Reinigungspersonals, sondern wird sinnvollerweise von der Person durchgeführt, die die Schubladen neu sortiert. Wenn Sie also die Anweisung bekommen, die Schubladen auszuwischen, sind Sie hierzu, jedenfalls wenn das Einräumen der Schubladen zu Ihren Aufgaben gehört, auch verpflichtet.

7.3 Teambesprechungen

Ein anderes Feld für Unsicherheiten ist die Teilnahme an Teambesprechungen. Dies gilt besonders für Angestellte in Teilzeit, die am Tag der Teambesprechung normalerweise gar nicht arbeiten und dann extra in die Apotheke fahren müssen. Hier ist danach zu unterscheiden, ob die Teilnahme vergütet wird – dann ist sie verpflichtend. Dass Teambesprechungen als Arbeitszeit angerechnet und vergütet oder mit Freizeit ausgeglichen werden, entspricht der tariflichen Regelung und sollte selbstverständlich sein. Die Lage der Arbeitszeiten liegt im Direktionsrecht des Arbeitgebers, sodass er Sie auch außerhalb Ihrer üblichen Zeiten heranziehen darf. Da es bei einer Teambesprechung wichtig ist, dass alle Mitarbeiterinnen und Mitarbeiter in Ruhe teilnehmen können, bleibt in der Regel gar nichts anderes übrig, als sie außerhalb der regulären Arbeitszeiten zu legen.

Wenn die Teambesprechung nicht bezahlt oder mit Freizeit ausgeglichen wird, ist sie freiwillig und Sie müssen daran nicht teilnehmen.

Dies gilt auch für Betriebsfeiern wie zum Beispiel eine gemeinsame Weihnachtsfeier. Dies ist keine bezahlte Arbeitszeit, sodass Sie nicht teilnehmen müssen. Bevor Sie eine Weihnachtsfeier absagen, lohnt es sich aber, sich einmal in die Position der Apothekenleitung zu versetzen. Sie nimmt in der Regel Geld in die Hand und macht sich Gedanken. Deshalb dürfte es als wenig wertschätzend empfunden werden, wenn man sich hier zurücknimmt.

8 Haftung im Arbeitsverhältnis

Minou Hansen

Manchmal geht es schneller, als man gucken kann: Beim hastigen Betreten der Apotheke reißt man den Schirmständer um, der gegen ein Regal fällt und die schöne Deko-Blumenvase zu Bruch gehen lässt. Ärgerlich, aber im Vergleich dazu, was sonst noch an Schäden und Unfällen in einer Apotheke entstehen kann, doch eher harmlos. Wann haftet man eigentlich bei Fehlern, die im betrieblichen Alltag passieren?

Als Apothekenangestellter geht man mit teilweise hochpreisigen empfindlichen Waren um und muss, zum Beispiel was Aufbewahrung oder Kühlung angeht, stets auf der Hut sein. Gleichzeitig verändern sich die Regularien des Gesetzgebers und der Krankenkassen ständig, die bei Nichteinhaltung Retaxationen auslösen, sodass auch auf diesem Weg ein Schaden für die Apothekenleitung entstehen kann. Ein Problem für die Mitarbeiter werden diese Fälle stets dann, wenn die Apothekenleitung versucht, den entstandenen Schaden, zum Beispiel eine Null-Retaxation, auf den Mitarbeiter umzulegen, der vermeintlich den Schaden verursacht hat. Dann sehen sich Apothekenangestellte, die vielleicht sogar nur in Teilzeit arbeiten und ein entsprechend geringes Einkommen haben, unter Umständen mit Schadensersatzforderungen konfrontiert, die im vierstelligen Bereich liegen.

Abb. 8.1 Ob und in welcher Höhe ein Arbeitnehmer für von ihm verursachte Schäden finanziell haftet, hängt vom Einzelfall ab und steht auch im Verhältnis zu seinem Gehalt.

Wenn einige Apothekenleitungen diese Posten dann kurzerhand einfach von der nächsten Gehaltszahlung abziehen, geraten die Betroffenen in Not.

8.1 Grundsatz der Haftung

„Wo gehobelt wird, da fallen Späne." Naturgemäß passieren im Arbeitsalltag Fehler. Und natürlich verursachen diese Fehler in erster Linie Schäden beim Arbeitgeber, in dessen Eigentum oder Verantwortungsbereich die Räume und Gerätschaften, mit denen man arbeitet, im Regelfall stehen. Um Arbeitnehmer, die ja in der Regel wirtschaftlich schwächer als der Arbeitgeber sind, vor einer übermäßigen Inanspruchnahme und finanziellen Belastung zu schützen, gibt es zum einen eine umfangreiche Rechtsprechung zur sogenannten Arbeitnehmerhaftung. Zum anderen existieren auch gesetzliche Regeln, die von der allgemeinen Schuldnerhaftung abweichen.

Der Grundsatz der Haftung in zivilrechtlichen Schuldverhältnissen (dazu gehört auch das Arbeitsrecht) besagt: Derjenige, der einen Schaden verursacht, haftet dafür, wenn er vorsätzlich oder fahrlässig gehandelt hat. Dieser Grundsatz gilt immer dann, wenn es keine abweichenden Regelungen gibt. Und für die Haftung im Arbeitsverhältnis, das ja eine besondere Situation von Gefährdungsmöglichkeiten einerseits und Abhängigkeiten andererseits schafft, gibt es tatsächlich abweichende, für den Arbeitnehmer günstigere Regelungen.

8.2 Haftung zwischen Kollegen

Eine Ausnahmeregelung ist zum Beispiel in § 105 SGB VII festgelegt, wonach die Haftung zwischen Arbeitskollegen ausgeschlossen wird. Wenn zum Beispiel ein Gefäß durch Unachtsamkeit eines Mitarbeiters zersplittert und ein Kollege durch einen Splitter verletzt wird, haftet nicht derjenige, dem das Gefäß heruntergefallen ist. Wer allerdings absichtlich seine Arbeitskollegen schädigt, also zum Beispiel bestiehlt, haftet natürlich in vollem Umfang. Denn dieser Schaden ist nicht durch die Tätigkeit entstanden, sondern nur aus Anlass der Zusammenarbeit.

8.3 Drei Stufen der Fahrlässigkeit

Bei Schäden, die an Eigentum oder Vermögen des Arbeitgebers entstehen, gibt es Einschränkungen in Bezug auf das Verschulden. Außerhalb eines Arbeitsverhältnisses haftet man auch für die leichteste Fahrlässigkeit. Wer zum Beispiel beim Einparken mit dem Auto aus Unachtsamkeit einen anderen PKW beschädigt, kann sich nicht darauf berufen, dass er nur leicht fahrlässig gehandelt hat, sondern muss für den entstandenen Schaden einstehen. Im Arbeitsrecht sieht dies anders aus. Das Bundesarbeitsgericht (BAG) berücksichtigt, dass zum einen bei der Arbeit schnell Fehler passieren und man sich als Mitarbeiter gleichzeitig diesem Risiko nicht entziehen kann. Im Privatleben könnte man sich entscheiden, die enge Parklücke auszulassen und lieber ins Parkhaus zu fahren, wenn man Unfälle vermeiden möchte. Eine PTA kann aber nicht sagen: „Ich gebe keine hochpreisigen Medikamente mehr ab, weil ich das Risiko einer Retaxation nicht eingehen möchte."

Sie ist also allein durch ihre Tätigkeit dem Risiko ausgesetzt, hohe Schäden zu verursachen. Um Angestellte vor einem möglichen wirtschaftlichen Ruin zu bewahren, haften Arbeitnehmer nicht für leichte Fahrlässigkeit. Bei allen Schäden, die einem Mitarbeiter „im Eifer des Gefechts" passieren können, muss also der in der Regel wirtschaftlich stärkere Arbeitgeber den Schaden alleine tragen. Ist dem Arbeitgeber das Risiko ebenfalls zu hoch, kann er versuchen, eine entsprechende Versicherung abzuschließen.

Bei mittlerer oder normaler Fahrlässigkeit trägt der Arbeitnehmer den Schaden nur anteilig, in der Regel zur Hälfte. Mittlere Fahrlässigkeit bedeutet in der Sprache der Juristen das Außerachtlassen der erforderlichen Sorgfalt. Die Einordnung als mittlere Fahrlässigkeit fällt leichter, wenn man sie zur groben und leichten Fahrlässigkeit abgrenzt.

Grobe Fahrlässigkeit liegt bei einem Verhalten vor, das so risikobehaftet ist, dass man als „normaler" Arbeitnehmer die Hände über dem Kopf zusammenschlagen würde. In der Apotheke würde grobe Fahrlässigkeit zum Beispiel vorliegen, wenn ein Apothekenangestellter die Kasse offen lässt und den HV-Bereich verlässt, um eine Bestellung nach vorne zu holen. Wenn jetzt ein Kunde in die Kasse greift und der Apotheke dadurch ein Schaden entsteht, müsste der Mitarbeiter haften. Ebenso, wenn ein Apotheker alleine in der Offizin ist und diese bei geöffneter Apothekentür verlässt, um zum Beispiel die Toilette aufzusuchen. Wenn jetzt jemand die Apotheke betritt und Kosmetika stiehlt, müsste der Apotheker für den Schaden aufkommen.

Wenn die Krankenkasse sich weigert, die Kosten für ein Medikament zu tragen, weil zum Beispiel die Unterschrift des Arztes fehlt, würde es bei einer gerichtlichen Auseinandersetzung vermutlich auf die Umstände im Einzelfall ankommen. Grobe Fahrlässigkeit dürfte in jedem Fall ausscheiden. Ebenso im Regelfall dann, wenn ein kühlpflichtiges Medikament nicht in der Kühlung gelagert wird; auch hier würde man mittlere Fahrlässigkeit annehmen dürfen. Bei der Bewertung kommt es immer auf den Einzelfall an. Wenn Fehler passieren, weil ein pharmazeutischer Mitarbeiter beispielsweise Medikamente einnimmt, die die Konzentration oder die Sehfähigkeit erheblich beeinträchtigen, und in diesem Zustand Fehler macht, könnte bei diesen fachkundigen Personen die grobe Fahrlässigkeit darin bestehen, dass sie überhaupt in dem nicht arbeitsfähigen Zustand zur Arbeit erschienen sind.

8.4 Haftungshöhe

Wenn mittlere Fahrlässigkeit angenommen wird, hängt es noch von einigen anderen Umständen ab, in wieweit der Arbeitnehmer den Schaden ersetzen muss. Zwei wichtige Punkte für den Apothekenbereich sind dabei die Höhe des Einkommens im Verhältnis zum verursachten Schaden und das bisherige Verhalten des Arbeitnehmers.

Orientieren kann man sich in der Regel daran, dass der Schaden bei mittlerer Fahrlässigkeit hälftig aufgeteilt wird. Es tragen also Arbeitgeber und Arbeitnehmer den Schaden je zu 50 Prozent. Das kann sich aber zugunsten des Mitarbeiters verschieben, wenn zum Beispiel eine Teilzeit-PTA mit entsprechend geringem Nettoeinkommen einen Schaden in großer Höhe verursacht. Dann wird ihr Anteil am verursachten Schaden, den der Arbeitgeber einfordern kann, geringer ausfallen. Insgesamt ist der Schadenersatzanspruch des Arbeitgebers nach der Rechtsprechung der Instanzgerichte auf höchstens drei Brutto-Monatsgehälter beschränkt. Nach dem Bundesarbeitsgericht (BAG, Urteil vom

15.11.2012–8 AZR 705/11) gibt es keine feste Obergrenze, man wird sich aber an den drei Gehältern orientieren können.

8.5 Das Verursacherprinzip

Ein Problem, das auch heute leider noch in vielen Apotheken auftaucht, ist der Umstand, dass es teilweise gar nicht nachvollzogen werden kann, wer letztlich für einen entstandenen Schaden verantwortlich ist. So kommt es trotz QMS vor, dass bei der Annahme von kühlpflichtigen Medikamenten nicht geklärt ist, wer letzten Endes dafür sorgen muss, dass das Medikament in den Kühlschrank kommt, auch wenn es mit der letzten Lieferung des Großhandels am Abend kommt. Manchmal verlässt sich jeder auf den anderen und am Ende kümmert sich niemand. Ebenso kommt es vor, dass mehrere Mitarbeiter auf einem Bediener arbeiten. Hier können dann zwar Vorgänge einem Bediener, also namentlich einer Person zugeordnet werden, es ist aber nie ganz klar, ob die jeweilige Person den Vorgang gestartet und auch bis zum Ende bearbeitet hat. Das Risiko der schlechten Organisation liegt hier bei der Apothekenleitung: Diese muss, wenn sie einen Mitarbeiter auf Schadensersatz in Anspruch nehmen möchte, nachweisen, dass dieser den Schaden auch verursacht hat. In vielen Fällen, in denen Arbeitnehmer in Anspruch genommen werden sollen, scheitert das daran, dass die Verantwortlichkeiten und die Verursachung nicht eindeutig geklärt werden können. Betroffene Arbeitgeber nehmen derartige Fälle durchaus zum Anlass, die Abläufe in der Apotheke neu zu organisieren und zu strukturieren, so dass am Ende alle profitieren. Bis dahin bleibt es dabei: Ein Mitarbeiter, der zum Beispiel für eine Retax, die unter seinem Bediener abgelaufen ist, einstehen soll, kann sich weigern, wenn nicht nachgewiesen werden kann, dass auch tatsächlich er diesen Schaden verursacht hat.

In der Praxis sieht das natürlich gerade bei größeren Beträgen etwas anders aus. Das Klima in der Apotheke wird schon dadurch vergiftet, dass einem Mitarbeiter selbst Kleinstbeträge einfach von der nächsten Gehaltsabrechnung abgezogen werden. Für Mitarbeiter lohnt sich dann manchmal eine gerichtliche Auseinandersetzung nicht, in der die Haftung abschließend geklärt würde. Gleichzeitig führt ein solches Verhalten der Apothekenleitung natürlich nicht dazu, dass die Bindung an die Apotheke gefestigt wird. Vielmehr wird eher der Impuls ausgelöst, sich nach einer anderen Beschäftigung umzusehen, bei der man besser behandelt wird. Das kommt die Apothekenleitung dann teurer zu stehen als Großzügigkeit an der anderen Stelle.

Existenziell bedrohlicher wird es natürlich, wenn es um hohe Beträge geht, die bei einer Null-Retaxation von hochpreisigen Medikamenten leicht in den vierstelligen Bereich gehen können. Spricht die Apothekenleitung ihre Mitarbeiter hierauf an, wird man die Schadensregulierung idealerweise im Gespräch klären können.

„Herr Müller, ich habe Post von der Krankenkasse bekommen. Ihnen ist vor drei Monaten ein Fehler bei der Abgabe von Medikament X passiert. Jetzt bleiben wir auf 1 600 Euro sitzen. Ich habe wirklich die Nase voll! Ich habe Ihnen schon tausend Mal gesagt, was zu tun ist, damit uns so etwas nicht passiert!“

„Das ist ja wirklich blöd. Wir haben doch alles ganz genau durchgesprochen. Ich kann mir gar nicht erklären, wie das passiert ist.“

An dieser Stelle wäre es am Arbeitgeber, den genauen Vorfall und Verlauf gemeinsam mit dem Mitarbeiter zu analysieren. Häufig lassen sich hier noch Argumente gegen die

Krankenkasse finden, mit denen man gegen die Entscheidung vorgehen kann. Ist dies nicht der Fall und es steht fest, dass man als Mitarbeiter sich nicht an die Vorgaben gehalten hat, also tatsächlich fahrlässig einen Fehler gemacht hat, muss man sich wegen der Schadensquote auseinandersetzen. *„Stimmt, den Schaden habe ich verursacht. Das tut mir leid und ich werde zukünftig noch besser auf Ihre Anweisungen achten. Ich bin bereit, meinen Anteil zu übernehmen.“*

Wenn jetzt die Antwort lautet: *„Anteil? Das zahlen Sie ja wohl ganz. Wenden Sie sich an Ihre Haftpflichtversicherung“*, dann kann man entgegnen: *„Ganz so einfach ist es nicht. Da habe ich mich schon erkundigt. Die private Haftpflicht tritt nicht für berufliche Schäden ein. Mein Berater hat mich aber auch darauf hingewiesen, dass ich selbst bei mittlerer Fahrlässigkeit nicht den ganzen Schaden alleine tragen muss, sondern nur einen Teil. Ich sehe ein, dass ich hier wirklich etwas falsch gemacht habe. Deshalb wäre ich bereit, die Hälfte zu übernehmen.“*

„Das kommt gar nicht Frage!“ An dieser Stelle müsste man einen uneinsichtigen Apothekenleiter darauf hinweisen, dass man den vollen Betrag nicht übernehmen kann, und es dann auf eine gerichtliche Klärung ankommen lassen.

8.6 Schadensbegrenzung

Das gilt natürlich auch für die Fälle, in denen man selber meint, keinen Fehler gemacht zu haben oder nur leicht fahrlässig gehandelt zu haben. Ein gerichtliches Verfahren wird ferner in den Fällen unausweichlich, in denen die Apothekenleitung den vermeintlichen Anspruch einfach von der nächsten Gehaltsabrechnung abzieht. Abgesehen davon, dass dies häufig wegen Unterschreitung der Pfändungsfreibeträge gar nicht zulässig ist, muss man als Mitarbeiter dann notfalls auch gerichtliche Hilfe in Anspruch nehmen, um an das zustehende Gehalt zu kommen. Auch wenn man als Mitarbeiter in der Regel in einem solchen Verfahren Erfolg haben dürfte, ist das immer mit Zeit- und Kostenaufwand verbunden und natürlich mit erheblichem Stress, weil auch ein arbeitsgerichtliches Verfahren einige Zeit in Anspruch nimmt. Deshalb sollte man, wenn ein Fehler passiert ist, proaktiv auf die Vorgesetzten zugehen und sich zum einen um Schadensbegrenzung, zum anderen aber auch um eine sachgerechte Lösung bemühen. Wer viel mit Hochpreisern umgeht, kann auch gemeinsam mit der Apothekenleitung über eine Versicherung nachdenken. Flächendeckende Versicherungsangebote für eine berufliche Haftpflichtversicherung gab es zum Zeitpunkt der Erstellung dieses Buches nur für den Fall, dass Apothekenschlüssel verloren werden. Hier kann man sich in der Regel gegen einen geringen Aufschlag zur privaten Haftpflichtversicherung absichern.

9 Stundenzahl: Rechte und Pflichten des Arbeitnehmers

Minou Hansen

Besonders bei langjährigen Beschäftigungsverhältnissen können sich die Lebensumstände so ändern, dass die bisherigen Arbeitszeiten nicht mehr passen. Welche Rechte und Pflichten haben Apothekenangestellte?

Viele Mitarbeiter haben früher oder später den Wunsch, etwas an der ursprünglich vereinbarten Stundenzahl zu verändern. Sei es, dass man wegen der Betreuung von Kindern oder auch pflegebedürftigen Familienangehörigen etwas kürzertreten möchte, sei es, dass die Kinder so selbständig geworden sind, dass man wieder mehr Zeit in den Beruf investieren kann.

In dieser Situation ist es gut, sich zunächst die rechtliche Situation vor Augen zu führen und dann zu schauen, ob und wie man seine eigenen Wünsche durchsetzen kann.

9.1 Klärung der rechtlichen Lage

Die wöchentliche Arbeitszeit ist eine wesentliche Bedingung des Arbeitsverhältnisses. Sie kann weder vom Arbeitgeber noch vom Arbeitnehmer einseitig abgeändert werden, sondern hier müssen sich beide Seiten einigen.

Abb. 9.1 Fragen rund um die Arbeitszeiten sind häufig Thema in der Rechtsberatung.

Wenn ein Mitarbeiter die Stundenzahl ändern möchte, gilt grundsätzlich: Es gibt keine Handhabe, den Arbeitgeber zu einer Änderung zu zwingen. Allerdings kann es nach dem Teilzeit- und Befristungsgesetz (TzBfG) in einigen Apotheken einen Rechtsanspruch zur Stundenkürzung geben. Gemäß § 8 TzBfG kann ein Arbeitnehmer, dessen Arbeitsverhältnis mehr als sechs Monate bestanden hat, von seinem Arbeitgeber verlangen, dass die vertraglich vereinbarte Arbeitszeit verringert wird. Voraussetzung ist, dass in dem Betrieb – und hier zählen Hauptapotheke und Filiale zusammen – mehr als 15 Mitarbeiter beschäftigt sind. Bei der Mitarbeiterzahl wird nach Köpfen gezählt, es kommt nicht auf die Stundenzahl an. Dem Änderungswunsch des Mitarbeiters muss der Arbeitgeber folgen, wenn keine betrieblichen Gründe entgegenstehen. Hierzu schreibt das Gesetz eine Erörterung zwischen Mitarbeiter und Arbeitgeber vor.

Eine Erhöhung der Stundenzahl wiederum kann unabhängig von der Mitarbeiterzahl angemeldet werden. Die Apothekenleitung muss dann den Erhöhungswunsch berücksichtigen und den Mitarbeiter bei gleicher Eignung bevorzugen, soweit ein freier Arbeitsplatz vorliegt.

9.2 Klärung der persönlichen Situation

Zur Vorbereitung des Gesprächs, bei dem man eigene Änderungswünsche durchsetzen möchte, lohnt es sich, die Situation des Gegenübers näher zu beleuchten: Was könnte aus Sicht der Apothekenleitung gegen meinen Wunsch sprechen? Ist die Personaldecke ohnehin dünn, sodass, wenn ich ebenfalls reduziere, jemand neues eingestellt werden muss? Dann muss man mit Widerstand rechnen. Helfen kann hier eine Idee, wie das Problem zu lösen sein könnte: Gibt es vielleicht eine Kollegin, die aufstocken möchte? Ist jemand in Elternzeit, der gerne wieder mit ein paar Stunden einsteigen möchte? Kann ich meinem Arbeitgeber entgegenkommen, indem ich die Reduzierung an einem Tag vornehme, der für die Apotheke günstig wäre?

Und wenn ich aufstocken möchte: Wie ist die Situation der Apotheke? Sind wir knapp besetzt, dann wird mein Arbeitgeber eher zustimmen. Bin ich vielleicht sogar in der Lage, flexibel mehr zu arbeiten, also bei Bedarf meine Arbeitszeit anzupassen? Hat gerade eine Arztpraxis in der Nähe geschlossen, wird meine Apothekenleitung vermutlich kaum Möglichkeiten sehen, das Personal aufzustocken. Dann ist es unter Umständen sinnvoller, den Zeitpunkt eines Gesprächs zu verschieben, weil mein Anliegen wenig Aussichten hat, erfüllt zu werden.

Zur Klarstellung: Es geht nicht darum, die eigenen Bedürfnisse zurückzustellen, sondern darum, sie möglichst erfolgreich durchzusetzen. Es macht wenig Sinn und ist nur frustrierend, ein Gespräch zum falschen Zeitpunkt zu führen.

9.3 Führung des Gesprächs

Wenn man sich so vorbereitet hat, sollte die Apothekenleitung dann entsprechend der allgemeinen Gepflogenheiten um einen Termin gebeten werden. Die Einladung sollte das Gesprächsthema benennen, damit die Gegenseite genug Zeit hat, sich darauf vorzubereiten. Wer gar nicht damit rechnet, über Arbeitszeiten zu sprechen, kann sich hierzu keine Gedanken machen und wird mir auch keine Lösung anbieten können.

Abb. 9.2 Wenn Sie familiär bedingt andere Arbeitszeiten brauchen, bereiten Sie sich gut auf das Gespräch vor.

Ebenso sollte man einen ruhigen Zeitpunkt wählen, in dem genug Zeit ist, die Fragen in Ruhe zu besprechen. Eine gute Einladung könnte lauten: *„Liebe Frau K., ich würde gerne mit Ihnen über eine Erhöhung meiner Stundenzahl sprechen. Es wäre schön, wenn wir uns dazu am Dienstag von 12:00 bis 12:30 Uhr zusammensetzen könnten. Passt Ihnen das? Oder würden Sie einen anderen Zeitpunkt vorschlagen? Ich denke, wir bräuchten circa 30 Minuten."* Hier hat natürlich jeder einen anderen Umgangston mit seinen Vorgesetzten und andere zeitliche Rahmenbedingungen.

Der Ort des Gesprächs sollte ungestört sein. Idealerweise wäre es das Büro der Apothekenleitung. Bei der Einladung sollte man tunlichst vermeiden, in das Thema einzusteigen. Auch wenn als Antwort etwas im Sinne von: *„Was? Stundenerhöhung? Wie stellen Sie sich das denn vor?"* kommt, bleiben Sie ruhig und antworten etwa: *„Genau darüber möchte ich gern in Ruhe mit Ihnen sprechen."*

9.4 Das Gespräch

9.4.1 Die Einleitung

Findet das Gespräch dann statt, sollte ein positiver Einstieg erfolgen: *„Vielen Dank, dass Sie sich Zeit für das Gespräch nehmen."* In der Regel ist ein Personalgespräch auch für einen Vorgesetzten mit etwas Aufregung und auf jeden Fall mit Zeitaufwand verbunden. Indem dies angesprochen wird, zeigen Sie, dass Sie das anerkennen und wertschätzen.

Als nächstes sollte dann das Thema direkt angesprochen werden – Sie haben beide wenig Zeit! *„Ich hatte ja schon angekündigt, dass ich gerne meine Stundenzahl erhöhen möchte. Ich würde zukünftig gerne anstatt 30 Stunden in der Woche 35 Stunden arbeiten. Meinen Sie, dafür gibt es eine Möglichkeit?"*

9.4.2 Alternativen formulieren

Der weitere Gesprächsverlauf hängt natürlich von der Reaktion der Gegenseite ab. Wenn jetzt ein völliges Abblocken im Sinne von *„Träumen Sie weiter – da sehe ich überhaupt keine Möglichkeiten. Ich habe gerade einen PTA eingestellt, wir sind mehr als gut besetzt!“* kommt, haben Sie geringe Erfolgsaussichten. Da Sie Ihre Möglichkeiten aber im Rahmen der Gesprächsvorbereitung vorher ermittelt haben, wäre ein mögliches Vorgehen Ihrerseits dann zum Beispiel: *„Ja, das hatte ich befürchtet. Ich wollte es trotzdem gerne zuerst mit Ihnen besprechen. Ich muss allerdings aus finanziellen Gründen mehr arbeiten. Deshalb würde ich mich jetzt um einen Nebenjob in einer anderen Apotheke kümmern. Gleichzeitig möchte ich Sie aber bitten, an mich zu denken, wenn hier wieder Stunden frei werden.“*

Kommt als Antwort etwas in die Richtung *„Das ist aber viel, das kann ich mir nicht vorstellen“*, könnte man antworten: *„Welche Stundenzahl wäre denn passend für Sie?“* Auf die Antwort kann man gut reagieren, wenn man sich vorher genau durchgerechnet hat, mit welcher Stundenzahl man noch gut leben kann. Eventuell findet sich hier jetzt ein Kompromiss, indem Sie vielleicht nicht gleich die Wunsch-Stundenzahl erhalten, aber zumindest eine Erhöhung. Auch das wäre ein erfolgreiches Verhandlungsergebnis.

9.4.3 Gesprächsabschluss und Feedback

Hier sollte man aber auf einen konkreten Gesprächsabschluss achten. Ebenso für den Fall, das die Apothekenleitung Ihr Ansinnen im Moment ablehnt. Dann würde man enden mit *„Gut, ich habe verstanden, dass eine Erhöhung auf 35 Stunden für Sie im Moment nicht zu realisieren ist. (Wir haben uns aber darauf geeinigt, dass ich ab dem nächsten Monat 32 Stunden wöchentlich arbeiten werde.) Wann setzen wir uns denn wieder zusammen, um über die weitere Erhöhung zu sprechen? In sechs Monaten? Was meinen Sie? Dann melde ich mich Anfang November wieder bei Ihnen und wir schauen, wie sich die Situation verändert hat.“*

Zu einem guten Abschluss gehört – auch wenn man mit dem Ergebnis nicht zufrieden ist – ein Feedback: *„Das ist zwar jetzt nicht mein Wunschergebnis, aber ich freue mich, dass wir jetzt eine Lösung gefunden haben, mit der wir beide erst einmal leben können. Danke, dass wir in so guter Atmosphäre sprechen konnten.“*

Wenn das Gespräch schlecht lief, wäre das natürlich nicht das Richtige, sondern eher: *„Ich bedanke mich für die Zeit, die Sie sich genommen haben. Für mich sind solche Gespräche sehr schwierig, wenn ich das Gefühl habe, dass Sie mich nicht ernst nehmen. Für die Zukunft wünsche ich mir, dass Sie mich respektvoll behandeln.“*

Auch hier muss jeder seinen eigenen Ton finden – aber inhaltlich darf bei der Gegenseite schon deutlich ankommen, dass man sich nicht wertgeschätzt fühlt.

Im folgenden Kapitel beleuchten wir dann das umgekehrte Gespräch, also den Wunsch des Arbeitgebers zu einer Änderung der Stundenzahl.

10 Stundenzahl: Rechte und Pflichten des Arbeitgebers

Minou Hansen

Im vorangehenden Kapitel ging es darum, wie man es als Angestellte schafft, den eigenen Wunsch nach einer Erhöhung oder Reduzierung der Arbeitszeit erfolgreich umzusetzen. Es kann aber auch andersherum sein, dass Sie als PTA damit konfrontiert werden, dass die Apothekenleitung die vereinbarte Stundenzahl ändern möchte.

10.1 Veränderter Personalbedarf der Apotheke

Gerade, wenn Arbeitgeber von ihrem Steuerbüro die Nachricht bekommen haben, es sehe wirtschaftlich nicht allzu rosig aus und man müsse sparen, kommen viele auf die Idee, an den Personalkosten zu schrauben. Denn „Personal" ist in der Bilanz meist der größte Posten. So scheint es auf den ersten Blick am einfachsten, hier zu kürzen und vielleicht die eine oder andere Stunde einzusparen. Doch es geht im Moment oft auch genau andersherum: Angesichts der herrschenden Personalknappheit werden viele Teilzeit-Mitarbeiter angesprochen, ob sie ihre Arbeitszeit nicht aufstocken möchten.

Wer mit einem solchen Ansinnen konfrontiert wird, muss sich zunächst einmal bewusstmachen, dass die Anfrage der Apothekenleitung im rechtlichen Sinn ein Angebot ist, den bestehenden Vertrag zu ändern. Als solches sollte man es auch verstehen und sich in Ruhe überlegen, ob und in welchem Umfang man hierauf eingehen kann. Genauso wie man als Mitarbeiter die Stundenzahl nicht einseitig und von heute auf morgen ändern kann, kann dies auch der Arbeitgeber nicht. Die Änderung kann nicht per Anordnung durchgesetzt werden, sondern man muss sich hierzu einigen. Der Satz „Mein Chef hat meine Stunden gekürzt" ist also so nicht ganz richtig.

Diese Information ist zunächst beruhigend, wenn es der Arbeitgeber ist, der die Stundenzahl ändern möchte. Wenn man diesem Wunsch nicht folgen kann oder möchte, muss man sich nicht darauf einlassen.

Abb. 10.1 Der Einsatzplan in Apotheken kann immer wieder zu Streitigkeiten führen.

10.2 Änderungskündigung

Kommt es nicht zu einer Einigung, bleibt dem Arbeitgeber allerdings eine Möglichkeit, die man als Mitarbeiter im Blick haben sollte: Die Apothekenleitung könnte eine Änderungskündigung aussprechen. Das bedeutet eine Kündigung des Arbeitsverhältnisses verbunden mit dem Angebot, einen neuen Vertrag zu geänderten Konditionen (in diesem Fall also höherer oder niedrigerer Stundenzahl) abzuschließen. Gegen eine Änderungskündigung kann man sich wehren, wenn das Kündigungsschutzgesetz gilt. Dies ist für Arbeitsverhältnisse, die nach dem 01.01.2004 entstanden sind, dann der Fall, wenn in dem Betrieb ständig mehr als zehn Arbeitnehmer beschäftigt sind. Für bereits vor dem 01.01.2004 begründete Arbeitsverhältnisse müssen es mehr als fünf Arbeitnehmer sein, die ebenfalls schon mindestens seit dem 31.12.2003 in der Apotheke angestellt sind. Der Apothekenleiter und die Auszubildenden zählen nicht mit. Die Arbeitnehmer werden wie folgt bewertet: bis 20 Stunden mit Faktor 0,5; bis 30 Stunden mit Faktor 0,75, darüber ein Arbeitnehmer. Zudem muss man mindestens sechs Monate im Arbeitsverhältnis gestanden haben.

Wenn das Kündigungsschutzgesetz nicht gilt, bleibt dem Mitarbeiter nichts Anderes übrig, als die Änderung so hinzunehmen. Wer an dem Fortbestand eines möglichst unbelasteten Arbeitsverhältnisses interessiert ist, tut also gut daran, dies vorher zu klären und sich damit auch in vollem Umfang auseinanderzusetzen. Denn was nützt es, eine Belastung des Arbeitsverhältnisses durch eine Änderungskündigung zu riskieren, wenn man sich gegen die Änderung an sich gar nicht wehren kann. Wenn ein Arbeitgeber eine Änderungskündigung durchsetzen kann, kann er vielleicht auch eine Beendigungskündigung durchsetzen. Wer das nicht riskieren möchte oder kann, sollte das bei seinen Verhandlungen im Hinterkopf behalten und sich unter Umständen auf Kompromisse einlassen. Es gibt also eine ganze Menge rechtliches Hintergrundwissen, das den Verlauf eines Gesprächs beeinflussen wird.

10.3 Persönliche Umstände des Arbeitnehmers

Daneben kommt es natürlich ganz entscheidend darauf an, für sich selbst zu klären, was man möchte bzw. worauf man sich einlassen kann. Auch wenn man vielleicht im ersten Moment auf den Wunsch des Arbeitgebers spontan mit *„Auf keinen Fall, das kann ich mir nicht leisten!“* reagiert, hilft es doch, einmal genauer zu klären, was eine Stundenkürzung finanziell eigentlich bedeutet. Hierzu teilt man sein bisheriges Bruttogehalt durch die bisherige Stundenzahl und multipliziert dies dann mit der durch den Arbeitgeber vorgeschlagenen Stundenzahl – also im Weg des Dreisatzes. Dies ergibt dann das neue Bruttogehalt. Wichtig ist natürlich, was netto dabei herauskommt. Hierzu gibt es online sehr gute Nettolohnrechner, in die man den Betrag und seine persönlichen Steuerdaten eingeben kann. Zur Gesprächsvorbereitung lohnt es sich auch, ein bisschen hin und her zu rechnen, auf welchen Kompromiss man sich eventuell einlassen könnte. Denn es dürfte schwierig sein, einen entschlossenen Arbeitgeber von seinem Kürzungswunsch vollständig abzubringen.

Wichtig ist dabei natürlich, dass sich eine Stundenzahl ergibt, die man bewältigen kann und zugleich eine (Mindest-)Stundenzahl, von der man leben kann. Wenn das Angebot des Arbeitgebers auch nach Verhandlungen außerhalb dieses Rahmens liegt, kann man sich hierauf nicht einlassen und muss notfalls eine Beendigung dieses Arbeitsverhältnisses in Kauf nehmen, um sich dann um eine Arbeitsstelle zu bemühen, die besser zu den eigenen Bedürfnissen passt. Dies ist im Moment in den allermeisten Fällen ja zum Glück kein Problem.

10.3.1 Verschaffen Sie sich Zeit

Ein „klassisches" (schlechtes) Gespräch mit einer Apothekenleitung könnte so beginnen: *„Frau Müller, tut mir leid, aber wir müssen Ihre Stunden kürzen. Mein Steuerberater hat gesagt, ich muss fünf Stunden bei Ihnen streichen."*

Darauf könnte man antworten: *„Das hört sich ja nicht gut an. Da müsste ich mal rechnen. Was genau haben Sie sich denn vorgestellt?"*

Apothekenleitung: *„Wie gesagt, wir müssen fünf Stunden streichen."*

Mögliche Antwort: *„Und was bedeutet das für mich? Bevor wir darüber sprechen, muss ich wissen, wie meine Gehaltsabrechnung zukünftig aussieht und wie Sie sich die Verteilung der Stunden vorstellen."*

Hier spiegelt man der Leitung gut zurück, dass man die ganze Situation rein auf sachlicher Ebene betrachtet und dass man selber – genau wie die Apothekenleitung – rechnen muss. Gerade, wenn die Anfrage aus heiterem Himmel kommt, verschafft man sich zudem ein wenig Zeit, selber in Ruhe die Möglichkeiten zu durchdenken und vielleicht auch mit dem Partner abzuwägen.

10.3.2 Auf in die nächste Runde

Für das zweite Gespräch haben Sie sich dann überlegt, mit welchem Nettogehalt Sie auskommen (möchten). Dann könnte es – nach Vorlage der Probeabrechnung – weitergehen: *„Mit diesem Betrag komme ich leider nicht aus. Ich muss mit meiner Beschäftigung bei Ihnen mindestens X.XXX Euro netto verdienen. Das wäre nach meiner Berechnung bei einer Kürzung um drei Stunden gerade noch gegeben. Außerdem muss ich dann eventuell noch eine Nebenbeschäftigung aufnehmen. Ich muss also einen festen freien Tag in der Woche haben."* Jetzt hängt es von der Reaktion des Gegenübers ab. Ein guter Steuerberater wird sicherlich verschiedene Modelle durchgerechnet haben, sodass Ihr Arbeitgeber vielleicht auch eine Auswahl an Reaktionsmöglichkeiten parat hat. Ist aber auch Ihre Apothekenleitung am Limit und antwortet: *„Es bleibt bei den fünf Stunden, anders geht es nicht"*, wäre Ihre Antwort dann: *„Darauf kann ich mich leider nicht einlassen."*

Jetzt ist wieder die Apothekenleitung am Zug, Ihnen dann entweder doch entgegenzukommen oder eine Kündigung auszusprechen. In Zeiten des Fachkräftemangels wird sich eine Apothekenleitung dies allerdings gut überlegen. Von Ihrer Seite kommen an dieser Stelle keine Kompromissvorschläge mehr. Alle für Sie noch tragbaren Ideen und Vorschläge haben Sie vorher eingebracht.

11 Fortbildung beantragen – so klappt's!

Minou Hansen

Auch wenn die Ausbildung oder das Studium schon lange abgeschlossen sind, geht es im Apothekenbereich mit dem Erwerb und der Aktualisierung von Fachwissen immer weiter. Es gibt kaum einen Arbeitsbereich, in dem derartig viele Fort- und Weiterbildungen angeboten und wahrgenommen werden. Im Arbeitsverhältnis, das ja in der Regel selbst schon sehr viel Zeit in Anspruch nimmt, stellt sich deshalb häufiger die Frage, wie mit der aufzuwendenden Zeit und den Kosten umzugehen ist.

Im Bundesrahmentarifvertag (BRTV) bzw. Rahmentarifvertag (RTV) Nordrhein finden sich jeweils in § 12 Regelungen zur Freistellung für fachliche Fortbildungen bzw. den Bildungsurlaub. Dabei gibt es in den Kammerbezirken unterschiedlich hohe Freistellungsansprüche:

Im Geltungsbereich des BRTV, also im Bundesgebiet ausgenommen der Kammerbezirke Sachsen und Nordrhein, erhält das pharmazeutische Personal für fachlich-wissenschaftliche Fortbildungen innerhalb von zwei Kalenderjahren sechs Werktage Freistellung. Das nicht-pharmazeutische Personal hat Anspruch auf drei Werktage.

Im Kammerbezirk Nordrhein sind es für Apotheker sechs Werktage, für das weitere pharmazeutische Personal fünf Werktage und für nicht-pharmazeutisches Personal drei Werktage, jeweils innerhalb von zwei Kalenderjahren.

Abb. 11.1 Seminare und Vorträge halten fachlich fit – das ist für Apothekenberufe wichtig.

Im Kammerbezirk Sachsen gilt leider im Moment gar kein Tarifvertrag (Stand Juni 2018), sodass Mitarbeiter in Sachsen sich einzelvertraglich Vereinbarungen zu Fortbildungen aushandeln müssen.

11.1 Fachlich-wissenschaftliche Fortbildungen

11.1.1 Thema

Wichtig ist, dass es sich um eine fachlich-wissenschaftliche Fortbildung handelt. Im Gegensatz zum gesetzlichen Bildungsurlaub wäre zum Beispiel ein Englisch-Intensiv-Kurs oder ein Yoga-Wochenend-Seminar nicht über diesen Weg gegen den Willen des Arbeitgebers durchzusetzen. Allerdings kann man natürlich bei internationalem Apothekenpublikum durchaus mit der Apothekenleitung die Unterstützung eines Sprachtrainings verhandeln. Hiervon profitieren dann ja beide Seiten.

Liegt diese Voraussetzung vor, darf der Arbeitgeber die Freistellung nur dann ablehnen, wenn die personellen Verhältnisse unter keinen Umständen die Gewährung des Fortbildungsurlaubs zum gewünschten Zeitpunkt zulassen. Das bedeutet: Die Apothekenleitung muss versuchen, die Freistellung zu ermöglichen. Im Streitfall reicht der Hinweis *„Passt jetzt nicht"* nicht aus; hier muss belegt werden, was alles versucht worden ist, um die Teilnahme möglich zu machen.

Wer also eine Fortbildung besuchen möchte, sollte seinen Arbeitgeber rechtzeitig auf die geplante Teilnahme ansprechen. Gerade wenn man weiß, dass diese Freistellung in der Apotheke nicht gerne gesehen wird oder man zum ersten Mal Freistellung beantragt, ist es günstig, den Antrag gut vorzubereiten. Erfahrungsgemäß ist es außerdem gerade zu Beginn sinnvoll, diesen Antrag der Apothekenleitung nicht schriftlich in den Posteingang zu legen, sondern hierzu ein Gespräch zu führen.

Entsprechend der allgemeinen Empfehlung in ▸Kap. 2 ergeht auch hier die Einladung zu einem Gespräch an die oder den Vorgesetzten zum Beispiel so: *„Liebe Frau K., ich würde mit Ihnen gerne über eine Fortbildung (ggf. zum Thema XY) sprechen. Haben Sie dafür am nächsten Mittwoch um 12:30 Uhr Zeit? Ich denke, eine Viertelstunde ist ausreichend."*

11.1.2 Gesprächspartner nicht überrumpeln

Ob das Thema der Fortbildung in der Einladung schon angesprochen wird, ist davon abhängig, ob Sie hier Konfliktpotential sehen. Wenn Sie eine mögliche Auseinandersetzung nicht nur über die Teilnahme an der Fortbildung an sich, sondern auch zu dem Thema sehen, sollte Ihr Gesprächspartner sich hierzu vorbereiten können, damit er sich zum einen nicht überrumpelt fühlt, sich zum anderen aber auch inhaltlich äußern kann. Wenn Sie davon ausgehen, dass es zu dem Thema keine Auseinandersetzung gibt, kann man dies auch weglassen.

Auch zu dem Gesprächstermin sollten Sie sich vorbereiten: Wann findet die Veranstaltung statt? Wieviel Zeit benötigen Sie? Sind genügend andere Kollegen dienstbereit? Zur Vorbereitung ist es sinnvoll, sich in die Position des Gegenübers – also der Apothekenleitung – zu versetzen: Was spricht aus deren Sicht für die Fortbildung? Wenn es einen besonderen Nutzen auch für die Apotheke gibt, sollten Sie diesen herausstellen! Das erleichtert Ihnen das Gespräch. Aber auch bedenken: Was spricht dagegen: Fallen Sie zu

Abb. 11.2 In den Rahmentarifverträgen ist für tarifgebundene Angestellte ein Anspruch auf Freistellung für fachliche Fortbildung verankert.

einem ungünstigen Zeitpunkt aus? Haben Sie vielleicht schon sehr viele Fortbildungen zu diesem Thema besucht?

11.1.3 Das Team profitiert

Je besser Sie vorbereitet sind, desto besser können Sie Ihre Argumente vorbringen und das Gespräch in Ihrem Sinne führen. Denn die Durchsetzung gegen den erklärten Willen des Arbeitgebers sollte nur die letzte Möglichkeit sein. Sinnvoller ist es, den Arbeitgeber davon zu überzeugen, wie sinnvoll die Fortbildung für die Apotheke ist und wie sehr beide Seiten davon profitieren.

Eine gute Idee ist auch, die Kollegen von Ihren Erfahrungen und Erkenntnissen profitieren zu lassen. Bieten Sie einen kleinen Vortrag im Mitarbeiterkreis nach Abschluss der Veranstaltung an: So erarbeiten Sie sich selber das Thema noch einmal intensiver und können Ihre Kompetenz und Ihr Engagement noch einmal präsentieren. Und natürlich profitiert das gesamte Team von dem neu gewonnenen Wissen.

Wenn Sie keinen tariflichen Anspruch auf die Freistellung haben, müssten Sie ohnehin auf dem Verhandlungsweg eine Vereinbarung mit der Apothekenleitung hierzu treffen. Dann gelten die Regeln zur Gesprächsvorbereitung und -führung ganz besonders. Und: Die Erfolgsaussichten sind natürlich größer, wenn die geplante Fortbildung thematisch einen Nutzen für die Apotheke hat!

11.2 Gesetzlicher Bildungsurlaub

Neben dem Anspruch auf Freistellung für fachlich-wissenschaftliche Fortbildung gibt es noch einen gesetzlichen Anspruch auf Bildungsurlaub, der in den einzelnen Bundesländern unterschiedlich ausgestaltet ist. Außer in Bayern und Sachsen können Arbeitnehmer in allen Bundesländern auch für akkreditierte Fortbildungen Freistellung beanspruchen. Dabei muss es sich nicht um fachliche Fortbildungen handeln. Es können zum Beispiel auch Sprachreisen oder dergleichen sein. Wichtig ist, dass die Veranstaltungen nach dem jeweiligen Landesbildungsurlaubsgesetz anerkannt sind. In den einzelnen Bundesländern sind die Verfahren, wie dieser Bildungsurlaub zu beantragen ist, unterschiedlich ausgestaltet. Hier sollte man sich rechtzeitig vorab am besten im Internet und über die dort angegebenen Rufnummern informieren. Die meisten pharmazeutischen Fortbildungen sind nicht über die Bildungsurlaubsgesetze angemeldet, hier bleibt es bei den tariflichen Ansprüchen.

Wer auch noch den tariflichen Freistellungsanspruch in Anspruch nehmen möchte, muss allerdings beachten, dass der gesetzliche Anspruch auf den tariflichen angerechnet wird. Wer also Bildungsurlaub in Anspruch nimmt, kann nicht zusätzlich noch den für fachlich-wissenschaftliche Fortbildungen beanspruchen.

11.2.1 Gesprächsführung

Wenn eine attraktive Fortbildung ansteht, die man gerne besuchen möchte, empfiehlt es sich, rechtzeitig, das heißt unter Umständen auch schon früher als die mindestens erforderlichen vier Wochen vorher, die Apothekenleitung zumindest mündlich auf die gewünschte Fortbildung anzusprechen. Falls es einen Rahmen hierfür gibt, zum Beispiel die Teambesprechungen oder auch ein Personalgespräch, ist das der richtige Ort für dieses Thema. Gibt es diese Strukturen nicht oder nicht in zeitlich passender Nähe, bittet man die Leitung um ein kurzes Gespräch: *„Liebe Frau/Lieber Herr X, haben Sie (heute, morgen oder in den nächsten Tagen) einmal zehn Minuten Zeit für mich? Ich möchte gerne eine Fortbildung mit Ihnen besprechen."* Welchen Termin man dabei wählt, hängt von der Situation in der Apotheke ab. Sofort die Veranstaltung zu besprechen, kann gut funktionieren in einer Apotheke, die geübt ist in der Absprache und im Gewähren des tariflichen Freistellungsanspruchs. Wagt man es das erste Mal, von seinem Recht Gebrauch zu machen, ist ein kleiner Vorlauf sicher günstiger, damit sich auch die Leitung auf das Gespräch vorbereiten kann.

„Ich möchte gerne am … die Fortbildung zum Thema … besuchen und dafür einen Tag Freistellung beantragen. Sie bekommen meinen Antrag noch schriftlich. Damit Sie besser planen können, wollte ich dies einmal vorab besprechen." So könnte der Einstieg in das Gespräch erfolgen: Die wichtigen Fakten und worum es geht, stehen damit fest.

„Wieso wollen Sie da etwas beantragen? Sie gehen einfach und arbeiten die Zeit dann nach, so machen wir das doch immer", könnte die Antwort einer Leitung lauten, die nicht über die tariflichen Rechte Bescheid weiß oder sich darüber hinwegsetzen möchte.

„Genau, so haben wir es bisher gemacht. Es gibt aber die tarifliche Regelung, wonach mir als PTA innerhalb von zwei Kalenderjahren sechs Tage Freistellung für fachlich-wissenschaftliche Fortbildung zustehen. Davon möchte ich jetzt gerne Gebrauch machen."

Wenn jetzt kommt: *„Na hören Sie mal! Ihre Kolleginnen machen das doch auch anders!"*, könnte man antworten: *„Das stimmt. Gleichzeitig bin ich hier in der Apotheke (mit der Leitung des XY-Bereichs) schon sehr eingespannt und möchte die Zeit, die die Tarifvertragsparteien für Fortbildungen ausgehandelt haben, auch tatsächlich dafür nutzen."*

„Da weiß ich aber nicht, wie wir das realisieren sollen. Wenn jetzt jeder damit anfängt …"

„Stimmt, an einigen Tagen ist die Personaldecke recht dünn. Darüber sollten wir auch einmal im Team sprechen."

Wichtig ist es, freundlich, aber fest bei dem Ansinnen zu bleiben. Zu wenig Personal ist nicht Ihr Problem, sondern die Apothekenleitung muss ausreichend Mitarbeiter vorhalten, um Urlaubszeiten und Abwesenheiten aus anderen Gründen abzudecken.

12 Arbeitszeit bei Fortbildungen

Minou Hansen

Von pharmazeutischen Fortbildungsveranstaltungen profitieren Angestellte und Apothekenleiter. Trotzdem sorgt das Thema immer wieder für Spannungen. Dabei geht es um die korrekte Berechnung von Arbeitszeiten.

Probleme entstehen beim Thema Fortbildungen an zwei Stellen. Manche Arbeitgeber sind nicht bereit, die Zeit für angeordnete Fortbildungen zu vergüten.

12.1 Mit Tarifbindung

Bei Fortbildungen, die die Apothekenleitung anordnet, gibt es einfache Regeln im Bundesrahmentarifvertrag (BRTV) und im Rahmentarifvertrag Nordrhein (RTV). Gemäß § 17 Nr. 5 BRTV bzw. § 17 Nr. 7 RTV muss der Arbeitgeber bei einer angeordneten Fortbildung die hierfür aufgewendete Zeit einschließlich An- und Abreise vergüten. Das gilt auch für Fortbildungen während der Mittagspause oder im Anschluss an die reguläre Arbeitszeit. An- und Abreise entfallen in diesem Beispiel natürlich.

Abb. 12.1 Fortbildungsveranstaltungen sind auch immer Austausch mit engagierten Kollegen.

Auch wenn es, wie es in einigen Apotheken üblich ist, während des Vortrags etwas zu essen gibt, entbindet das den Arbeitgeber nicht von der Verpflichtung, die aufgewendete Zeit als Arbeitszeit zu vergüten. Bei Teilzeitkräften, die aus ihrem Feierabend für eine Abendfortbildung wieder in die Apotheke kommen, ist die Fahrtzeit als Arbeitszeit anzurechnen.

Ein weiterer Streitpunkt kann es auch sein, dass zum Beispiel längere Fortbildungen für das ganze Team an einem Sonntag angesetzt werden, um den Apothekenalltag unter der Woche nicht zu unterbrechen. Hier handelt es sich um Sonntagsarbeit, die nach tariflichen Regelungen mit einem Zuschlag von 85 Prozent zu versehen ist. Bei einer Fortbildung, die zum Beispiel fünf Stunden dauert, wären den Mitarbeitern dann 9,25 Stunden gutzuschreiben.

12.2 Ohne Tarifbindung

Bei Arbeitsverhältnissen ohne Tarifbindung gibt es so detaillierte Regelungen nicht, es sei denn, hier ist im individuellen Arbeitsvertrag etwas Entsprechendes vereinbart. Ansonsten gilt die allgemeine Vorgabe, dass das, was für die Mitarbeiter keine freiwillige, sondern eine Pflichtveranstaltung ist, als Arbeitszeit zu vergüten ist. Für die An- und Abreise müsste dann eine separate Vereinbarung getroffen werden.

Deshalb sind Sie gut beraten, falls Sie im Arbeitsvertrag die Geltung des BRTV oder RTV vereinbart haben. Zwingend greifen tarifliche Regelungen nur, falls beide Seiten tarifgebunden sind. Das bedeutet, dass beide Seiten Mitglied in ihrer tarifvertragschließenden Partei sind. Für die Arbeitgeberseite ist das der Arbeitgeberverband Deutscher Apotheken (ADA) beziehungsweise im Kammerbezirk Nordrhein die Tarifgemeinschaft der Arbeitgeber (TGL). Üblicherweise sind die Apothekenleitungen, die Mitglied in ihrem Landesapothekerverband oder-verein sind, darüber auch Mitglied im ADA. Für Mitarbeiter schließt nur ADEXA – Die Apothekengewerkschaft Tarifverträge ab. Wenn beide Seiten tarifgebunden sind, darf im Arbeitsvertrag nichts vereinbart werden, was zu Lasten des Mitarbeiters von den tariflichen Regeln abweicht.

12.3 Das erfolgreiche Gespräch

12.3.1 Gut vorbereitet in das Gespräch

Mit diesem Wissen gehen Sie gut vorbereitet in ein Gespräch mit Ihrem Arbeitgeber, der zum Beispiel Fortbildungen als unbezahltes Freizeitvergnügen ansieht. Ein durchaus üblicher Fall, wie er bei uns in der Rechtsabteilung geschildert wird, ist, dass die Apothekenleitung für das gesamte Team eine Fortbildung am Samstagnachmittag und Sonntag anordnet, damit dort eine Schulung für das neue Computersystem durchgeführt werden kann. Anstatt der tatsächlich anfallenden Stunden wird pauschal eine Gutschrift von acht Stunden angekündigt.

Hier sollten Angestellte möglichst umgehend (in jedem Fall vor dem Schulungstermin!) das Gespräch mit der Apothekenleitung suchen. Am einfachsten geht das oft im Team. Falls Kolleginnen oder Kollegen die Auseinandersetzung scheuen, sollte man auch alleine tätig werden.

Entsprechend den allgemeinen Regeln für schwierige Dialoge rate ich Ihnen, die Leitung um ein Gespräch unter Benennung des Themas mit Terminvorschlag zu bitten. Das könnten Sie in etwa so formulieren: *„Liebe Frau Müller, ich möchte Sie um ein Gespräch über die Fortbildung am übernächsten Wochenende bitten. Passt es Ihnen morgen um die Mittagszeit? Dann würde ich gegen 13:00 Uhr zu Ihnen ins Büro kommen.“* Jetzt weiß die Chefin grob, worum es geht und kann sich entsprechend vorbereiten.

12.3.2 Erfolgreiche Dialoge führen

Das Gespräch selber könnten Sie in etwa so einleiten: *„Vielen Dank, dass Sie sich so kurzfristig Zeit genommen haben. Ich bin etwas unglücklich damit, wie Sie mit der Anrechnung der Stunden verfahren möchten. Wir sind alle froh, dass Sie sich für ein neues System entschieden haben und sehen auch ein, dass eine ausführliche Schulung sinnvoll ist. Allerdings möchte ich gerne, dass Sie mir mindestens die Stunden anrechnen, die ich auch tatsächlich in dieser Schulung verbringe.“*

Um Sie gleich vorzuwarnen – eine übliche Antwort ist: *„Also, da fällt mir ja nichts mehr ein! Sie wissen doch, wie teuer das Ganze ohnehin schon ist. Da hätte ich gerade von Ihnen ein bisschen mehr Einsatz erwartet!“* Ihre mögliche Reaktion: *„Ich setze mich ja auch gerne für die Apotheke ein. Allerdings ist die geplante Zeit mein Wochenende, das ich dringend zur Erholung brauche. Ich brauche dann entsprechend mehr Freizeit in der Woche.“*

Doch die Chefin gibt nicht auf: *„Da sind Sie mal wieder die Einzige, die sich beschwert. Alle anderen sind einverstanden.“* Daraufhin Sie: *„Das mag sein, ich spreche hier für mich und nicht für die Kollegen. Es kränkt mich, dass Sie mir immer wieder vorhalten, ich würde auf den tariflichen Rechten bestehen. Wir haben beim Abschluss unseres Vertrages ausdrücklich darüber gesprochen, dass der Tarifvertrag die Grundlage meiner Beschäftigung sein soll. Ich halte mich ja selber auch daran.“*

Die Inhaberin lässt nicht locker: *„Soll ich mich jetzt immer an den Tarifvertrag halten? Dann überlege ich mir aber, ob ich weiter im ADA bleibe!“* Ihre Replik: *„Den Austritt würde ich bedauern, weil der Tarifvertrag ja nur die Mindeststandards festlegt. Ich weiß, dass die Situation im Moment schwierig für die Apotheke ist. Allerdings sind wir Mitarbeiter ja auch Ihr Kapital. Ich nehme also gerne an der Fortbildung teil, allerdings bestehe ich auf die Einhaltung der tariflichen Regeln. Die Zeit muss voll angerechnet werden, für den Sonntag mit einem Zuschlag von 85 Prozent.“*

Es kann sein, dass an dieser Stelle das Gespräch erst einmal abgebrochen und zu einem späteren Zeitpunkt fortgesetzt wird. Eventuell muss man sich auch noch auf weitere Streitigkeiten im Nachgang zu der Fortbildung einstellen. Wichtig ist, dass man seinen Standpunkt deutlich gemacht hat und auf die tariflichen Regelungen verwiesen hat. Sie können sich immer darauf berufen, dass die Tarifparteien stellvertretend für alle Apothekenarbeitsverhältnisse eine gerechte und ausgewogene Lösung gefunden haben.

13 Die schönsten Wochen des Jahres

Minou Hansen

Eigentlich sollte der Urlaub die schönste Zeit des Jahres sein – jedenfalls, wenn man der Werbung glaubt. Meistens ist das auch so. Allerdings geht in vielen Apotheken eine unschöne Zeit voraus, wenn nämlich Planung und Gewährung des Urlaubs ungeklärt, ungewiss und vielleicht sogar noch mit Auseinandersetzungen verbunden sind. Das muss nicht sein.

Um einen guten Einstieg in die Urlaubssaison zu gewähren, sollen hier zum einen die rechtlichen Grundlagen zum Thema Urlaub geklärt werden, damit Sie auch sicher wissen, welche Rechte Sie haben. Gleichzeitig wollen wir Ihnen auch einen Gesprächsleitfaden an die Hand geben, damit Sie Ihre Ansprüche in geeigneter Weise durchsetzen können.

13.1 Urlaubsanspruch klären

Ganz zu Anfang der Urlaubsplanung muss natürlich geklärt werden, wie viel Urlaub Ihnen überhaupt zusteht. Hier hilft ein Blick in den Arbeitsvertrag, denn dort müssen die Urlaubstage aufgeführt werden. Gilt der Bundesrahmentarifvertrag oder der Rahmen-

Abb. 13.1 Je besser die Vorbereitung, desto entspannter der Urlaub.

tarifvertrag Nordrhein, ist es ebenfalls einfach: Jede Mitarbeiterin und jeder Mitarbeiter hat Anspruch auf 33 Werktage Urlaub, bei mehr als fünfjähriger Betriebszugehörigkeit sind es sogar 34 Werktage.

Aber Achtung: Diese Zahl basiert auf einer Sechs-Tage-Woche. Je Urlaubswoche müssen also auch sechs Tage Urlaub angerechnet werden, egal, wie viele Tage man arbeitet.

Möchten Sie einzelne Urlaubstage nehmen, muss der Urlaubsanspruch vorher umgerechnet werden.

33 : 6 (Werktage) × Anzahl der wöchentlichen Arbeitstage
= individueller Urlaubsanspruch

Dann müssen je Woche aber auch nur die Tage als Urlaub genommen werden, an denen Sie sonst gearbeitet hätten.

Wenn das Arbeitsverhältnis nicht das ganze Kalenderjahr besteht, steht einem Arbeitnehmer je vollendeten Kalendermonat ein Zwölftel des tariflichen Urlaubsanspruchs zu. Wenn sich dabei Bruchteile von Urlaubstagen ergeben, ist ab 0,5 auf einen vollen Urlaubstag aufzurunden.

Wenn die tariflichen Regelungen nicht gelten, hilft ein Blick in den Arbeitsvertrag: Die Anzahl der Urlaubstage muss als wesentlicher Bestandteil des Arbeitsvertrages aufgenommen sein. Der gesetzliche Mindestanspruch beträgt 24 Tage.

13.2 Urlaub beantragen

Jetzt steht also fest, wie viel Urlaub Sie als Mitarbeiter nehmen dürfen. Nun geht es im zweiten Schritt um die Fragen, wann und wie Sie ihn beantragen und unter welchen Voraussetzungen der Antrag vom Arbeitgeber abgelehnt werden kann. Auch hier hilft der Bundesrahmentarifvertrag – unter anderem mit der zum 01.01.2015 neu eingefügten Regelung zu § 11 BRTV: Danach muss ein Urlaubsantrag vom Arbeitgeber spätestens vier Wochen nach Eingang beschieden werden. Bei einem als „zögerlich" bekannten Arbeitgeber empfiehlt es sich also, den Urlaubsantrag schriftlich einzureichen und ihn eventuell gleich im Antrag darauf hinzuweisen, bis wann er eine Entscheidung abgegeben haben muss. Bei der Entscheidung über einen Urlaubsantrag muss der Arbeitgeber diesen genehmigen, es sei denn, dringende betriebliche Gründe oder die Urlaubswünsche anderer, sozial schutzwürdigerer Mitarbeiter stünden dem entgegen.

13.3 Das erfolgreiche Gespräch

Mit diesem theoretischen Hintergrundwissen können Sie jetzt gut vorbereitet in ein Gespräch starten. Dessen Verlauf könnte sich zum Beispiel so gestalten:

PTA: *„Frau A., ich möchte Sie um einen Gesprächstermin in der nächsten Woche bitten. Es geht um meinen Urlaubsantrag. Wann passt es Ihnen am besten? Als Dauer würde ich etwa 20 Minuten veranschlagen."*

Chefin: *„Das passt mir eigentlich gar nicht. Wenn überhaupt, dann am Mittwoch."*

PTA: *„Gut, und welche Uhrzeit sollen wir sagen? Gegen 13:00 Uhr? Dann ist es ja meist ruhiger!?"*

Chefin: *„Na gut, dann um 13:00 Uhr bei mir im Büro. Aber nicht länger als 20 Minuten."*
Hintergrund: Ein wichtiges Gespräch sollte niemals „zwischen Tür und Angel" geführt werden! Beide Seiten brauchen Zeit, sich darauf vorzubereiten. Deshalb gerade bei Problemgesprächen mitteilen, um welches Thema es gehen soll und auch den zeitlichen Umfang. Bei Arbeitgebern, die sich nicht an Verabredungen halten, ruhig noch einmal bestätigen:

PTA: *„Prima, vielen Dank! Dann sehen wir uns am Mittwoch um 13:00 Uhr bei Ihnen im Büro!"*

Der vereinbarte Gesprächstermin selbst könnte dann so ablaufen:

PTA: *„Vielen Dank, dass Sie sich Zeit genommen haben. Ich hatte ja schon angekündigt, dass es um meinen Urlaubsantrag für den Oktober geht. Den hatten Sie abgelehnt mit der Begründung, Sie wollten sich nicht so früh festlegen."*

Chefin: *„Ja, ganz genau. Ich weiß nämlich nicht, wer da noch Urlaub nehmen möchte. Das ist mir jetzt alles zu viel, ständig das Thema Urlaub!"*

PTA: *„Stimmt, jetzt haben ja auch gerade viele Mitarbeiter wegen der Ostertage frei gehabt. Ich hatte allerdings nicht frei genommen. Und ich glaube, Sie haben gesehen, dass wir PTA uns hier gut abgestimmt hatten. Es hat doch alles gut geklappt. Damit das weiterhin funktioniert, würden wir gerne unsere Urlaube langfristig planen. Uns ist wichtig, dass die Abläufe hier gut funktionieren."*

Chefin: *„Mmm, und was heißt das?"*

PTA: *„Ich möchte gerne im Oktober gemeinsam mit meinem Lebensgefährten eine Reise unternehmen. Da er selber sich auch mit Kollegen abstimmen muss, hatte ich meine Kolleginnen im PTA-Bereich auch schon gefragt. Zu diesem Zeitraum plant niemand anderes Ferien. Sie können sich also drauf verlassen, dass kein anderer Urlaubswunsch kommen wird."*

Chefin: *„Tja, also. Eigentlich ist mir das zu früh. Ich muss mir das überlegen."*

PTA: *„Wie machen wir es denn dann? Mein Antrag liegt ja schon drei Wochen zurück und ich möchte meine Reise gerne buchen. Je später ich buche, desto teurer werden die Flüge. Meinen Sie, Sie schaffen es bis nächsten Mittwoch? Das wäre dann ja auch nach dem Tarifvertrag der letztmögliche Zeitpunkt."*

Chefin: *„Wenn das die letzte Möglichkeit ist, muss ich dann ja wohl bis Mittwoch entscheiden."*

PTA: *„Vielen Dank, dass Sie sich die Zeit genommen haben. Es war mir wichtig, Ihnen nochmal aufzuzeigen, dass wir uns als Team mit der Urlaubsplanung verständigt haben und dass keine Probleme mit der Besetzung auf Sie zukommen werden. Dann höre ich spätestens am Mittwoch von Ihnen!"*

Hinweis: Ein positives Feedback ist wichtig, aber auch eine Verbindlichkeit hinsichtlich des endgültigen Termins. Der Hinweis auf die neuen Fristen im Tarifvertrag am Rande wirkt für den Arbeitgeber entgegenkommender, als wenn man direkt auf seinem Recht auf Entscheidung innerhalb von vier Wochen pocht. Schließlich möchte die PTA ja eine Entscheidung zu ihren Gunsten ohne weitere Auseinandersetzungen!

Zur Vorbereitung sollte man sich deshalb auch in die Person seines Gegenübers versetzen:

- Warum wird über den Antrag nicht entschieden?
- Steht vielleicht ein größerer Umbau an?
- Gab es in der Vergangenheit Ärger, weil alle zur gleichen Zeit Urlaub wollten?
- Ist der Arbeitgeber grundsätzlich mit der Urlaubsplanung überfordert?

Im Hinblick darauf sollte man dann im Vorfeld seine Argumente aufbauen und Lösungsvorschläge machen: Zum Beispiel vorab mit dem Team über Urlaubswünsche anderer Mitarbeiter sprechen. Oder überlegen, wie man den Arbeitgeber mit der Urlaubsplanung entlasten könnte. Gibt es jemanden aus dem Team, der die Planung übernehmen könnte?

Je besser das Gespräch vorbereitet ist, desto größer sind die Aussichten, die Urlaubswünsche durchzusetzen. Wer merkt, dass das Gegenüber auf Forderungen allergisch reagiert, kann auch offen formulieren: *„Hier kommen wir nicht zusammen, wie machen wir es denn jetzt? Was schlagen Sie vor?“*

14 Urlaub im Team abstimmen

Minou Hansen

Im ersten Teil ging es darum, den Urlaubsanspruch zu klären und dann korrekt zu beantragen. Jetzt beschäftigen wir uns mit dem gerade zu den Schulferien nicht seltenen Fall, dass mehrere Teammitglieder für den gleichen Zeitraum Urlaub beantragen.

Natürlich ist zunächst zu klären, wie viel Urlaub Ihnen (noch) zusteht (▸ Kap. 13). Dann wird der Urlaub entsprechend der in Ihrer Apotheke gepflegten Praxis beantragt, nach unserer Empfehlung am besten schriftlich. Für „normale" Zeiten ist dieser Weg meist unproblematisch. Die Apothekenleitung muss nur noch entscheiden, ob dem Antrag stattgegeben werden kann.

14.1 Wer zuerst kommt ...?

Schwierig wird es, wenn Urlaub für einen begehrten Zeitraum wie die Schulferien beantragt wird. Grundsätzlich muss der Arbeitgeber zustimmen, falls keine Urlaubswünsche anderer Mitarbeiter vorliegen, die Vorrang haben. Theoretisch könnte man also den

Abb. 14.1 Damit man rechtzeitig Urlaub buchen kann, sollten Urlaubsanträge zügig beschieden werden.

begehrten Urlaub ergattern, wenn man als Erster den Urlaubsantrag abgibt. Allerdings wird jeder kluge Arbeitgeber die Genehmigung nicht ohne Rücksprache erteilen, sondern sein Team befragen oder erwarten, dass dieses sich untereinander abstimmt.

In vielen Apotheken gibt es klare Regeln, wie Mitarbeiter die Schulferien aufzuteilen haben. Das ist grundsätzlich positiv, weil es feste Orientierungspunkte gibt und die Ferien zumindest in einem gewissen Rahmen verlässlich planbar sind.

Allerdings müssen die Regeln nachvollziehbar und gerecht sein und auch den gesetzlichen Vorgaben und Urteilen der Arbeitsgerichte entsprechen. Das Bundesurlaubsgesetz sagt: Einem Antrag ist stattzugeben, wenn nicht dringende betriebliche Belange oder die Urlaubswünsche anderer Mitarbeiter, die unter sozialen Gesichtspunkten den Vorzug verdienen, entgegenstehen (§ 7 BUrlG).

14.2 Was sind dringende betriebliche Belange?

Dringende betriebliche Belange sind im Apothekenbereich zum Beispiel die arbeits- und erkältungsintensiven Zeiten im Dezember vor den Feiertagen. Hier gibt es tatsächlich häufig „Urlaubssperren“. Für solche vorhersehbaren Engpässe ist eine generelle Regelung sinnvoll. Natürlich kann es auch spontan zu Situationen kommen, in denen aus dringenden betrieblichen Gründen ein Urlaubsantrag abgelehnt werden kann. Ein Beispiel: Ein Mitarbeiter hatte während der letzten großen Norovirus-Welle Urlaub beantragt. Da schon ein Drittel der Belegschaft krank war und weitere Erkrankungen befürchtet wurden, durfte der Arbeitgeber den Urlaubsantrag ablehnen.

Nicht gemeint ist dagegen der „normale“ personelle Engpass, wenn gerade in einem kleineren Team ein Mitarbeiter urlaubsbedingt fehlt. Die Personaldecke muss so angelegt sein, dass die Urlaubszeiten der Mitarbeiter abgedeckt sind.

14.2.1 Soziale Kriterien

Ein problematischer Ablehnungsgrund: Ein anderer Mitarbeiter hat für den gleichen Zeitraum Urlaub beantragt und verdient unter sozialen Gesichtspunkten den Vorzug. Die PTA ohne schulpflichtige Kinder wird während der Osterferien keinen Urlaub bekommen, wenn gleichzeitig die einzige andere PTA, die zwei schulpflichtige Kinder hat, Urlaub beantragt hat.

Schwieriger wird es, wenn zwei „gleich schutzwürdige“ Mitarbeiter für denselben Zeitraum Urlaub beantragen. Zuerst muss der Arbeitgeber dann prüfen, ob er nicht beiden Mitarbeitern Urlaub gewähren kann. Ist dies nicht möglich, muss er abwägen, wem unter sozialen Gesichtspunkten der Vorzug gewährt werden muss. Für die Schulferien wären schulpflichtige Kinder zu berücksichtigen, aber gleichberechtigt auch ein an die Schulferien gebundener Lebenspartner. Weitere Kriterien sind Alter und Betriebszugehörigkeit – wer länger im Betrieb ist, hat Vorrechte – sowie besondere Erholungsbedürftigkeit bei schwer Erkrankten oder schwer kranken Kindern. Die Leitung muss außerdem mit abwägen, wer bislang schon zu besonders beliebten Zeiten Urlaub bekommen hat oder in diesem Kalenderjahr vielleicht zum ersten Mal Urlaub beantragt.

14.2.2 Das erfolgreiche Gespräch

Für den verantwortlichen Urlaubsplaner im Team sind das schwierige Entscheidungen. Gleichzeitig eröffnen sich viele Möglichkeiten für Verhandlungen und Gespräche.

Für ein solches Gespräch bitten Sie die Leitung um einen Termin, und zwar zu einem günstigen Zeitpunkt unter Angabe des Themas und der voraussichtlichen Dauer. Idealerweise läuft es dann zum Beispiel wie folgt ab:

PTA: „*Vielen Dank, dass Sie sich die Zeit für ein Gespräch genommen haben. Es geht mir, wie ich schon sagte, um die Urlaubsplanung für die Herbstferien, mit der ich sehr unglücklich bin.*“

Chefin: „*Ach je, das Thema hatten wir doch schon. Es kann doch nicht sein, dass es jedes Mal, wenn Schulferien anstehen, so ein Theater gibt. Können Sie sich denn untereinander wirklich nicht einigen?*“

PTA: „*Leider nicht. Ich kann auch gut verstehen, dass es Sie nervt. Allerdings finden wir im Team einfach keine Lösung. Mittlerweile leidet schon die Stimmung darunter. Deshalb würde ich mir eine Unterstützung durch Sie wünschen.*“

Chefin: „*Wie soll das aber aussehen? Solange Sie alle kleine Kinder haben, wird es bestimmt immer Ärger geben.*“

PTA: „*Ich hatte überlegt, ob Sie nicht generelle Regeln aufstellen können. Zum Beispiel für uns PTA: Eine bekommt Ostern Urlaub, eine im Herbst. Oder jeder zwei Wochen in den Sommerferien. Dann haben wir einen Rahmen, an dem wir uns orientieren können, und es gibt nicht immer wieder Streit. Für Sie wird es auch einfacher, wenn Sie uns auf diese Regeln verweisen können.*“

Chefin: „*Und wenn nicht alle einverstanden sind?*“

PTA: „*Ich habe bei den Gesprächen unter uns Kolleginnen herausgehört, dass viele so etwas gut finden würden. Was halten Sie davon, wenn ich gemeinsam mit Frau Y. einen Plan ausarbeite und wir ihn dann bei der nächsten Teamsitzung vorstellen? Dann hätten Sie ein Feedback, wie die Idee beim Team ankommt.*“

Chefin: „*Vor der Teamsitzung möchte ich den Plan aber zuerst sehen. Das Wichtigste ist mir, dass wir hier immer gut besetzt sind. Ich sehe dann ja, wie das Team reagiert. Wenn die Mehrheit einverstanden ist, meinetwegen.*“

PTA: „*Gut, dann setze ich mich mit Frau Y. zusammen und wir stellen Ihnen nächste Woche unsere Idee hierzu vor.*“

15 Elektronische Zeiterfassung

Minou Hansen

Zur elektronischen Zeiterfassung gibt es in den Apotheken oft Fragen und Streitigkeiten, insbesondere rund um Arbeitszeiten an Feiertagen. Rechnen Sie deshalb besser selbst nach.

Auch in den Apotheken hält die Digitalisierung Einzug. Was früher umständlich auf Kalendern oder gar auf kleinen Zetteln erfasst wurde, wird heute in mehr oder weniger komfortablen Zeiterfassungsprogrammen festgehalten: das Arbeitszeitkonto. In der Vergangenheit war es vielfach üblich, dass Mitarbeiter einfach ihre Überstunden oder auch Minusstunden aufschrieben und die Apothekenleitung sie zumindest gelegentlich abzeichnete. Manchmal haben beide Seiten unabhängig voneinander Stundenzettel aufgeschrieben und spätestens bei Ausscheiden der Angestellten kam es zu Auseinandersetzungen, wenn diese voneinander abwichen.

In den modernen Systemen können die Mitarbeiter selbst jederzeit ihr Arbeitszeitkonto einsehen. Jedwede Abweichung von den eigenen Vorstellungen wird deshalb sofort

Abb. 15.1 Wieso Minusstunden: An Feiertagen und bei Krankheit gibt es manchmal unliebsame Überraschungen.

sichtbar. Nach Einschätzung der Geschäftsführung von „MEP24", das häufig in Apotheken genutzt wird und die wir dazu befragt haben, könnte das ein Grund dafür sein, dass sich Auseinandersetzungen über die Arbeitszeiterfassungen signifikant häufen.

15.1 Typischer Streitfall: Durchschnittswerte

Der klassische Fall, der bei uns in der gewerkschaftlichen Rechtsberatung auftaucht, ist die fehlerhafte Anrechnung von Feiertagen. Einige Arbeitgeber verwenden bei ihren Zeiterfassungsprogrammen eine Einstellung, bei der für die Arbeitszeit, die wegen eines Feiertags ausfällt, ein wöchentlicher Durchschnittswert gebildet wird.

Bei Vollzeitarbeitskräften ergibt sich ein Durchschnittswert von 6,66 Stunden pro Tag, wenn man die wöchentliche Arbeitszeit von 40 Stunden durch die sechs Werktage einer Woche dividiert. Diesen Wert setzen Zeiterfassungsprogramme an Feiertagen oder auch einzelnen Krankheitstagen ein, wenn die Apothekenleitung dies im Programm so einstellt.

Nun ist es in den allerwenigsten Apotheken so, dass die Mitarbeiter ihre Arbeitszeit ganz gleichmäßig und dann auch noch auf alle sechs Werktage verteilen. Die meisten Apothekenangestellten arbeiten an weniger Wochentagen und haben unterschiedliche lange Arbeitstage. Apothekenleitungen, die die „Durchschnittswert-Methode" praktizieren, verstoßen damit gegen die gesetzliche und bei Tarifbindung auch gegen die tarifliche Regelung.

15.2 Feiertage sind stundenneutral

Der Gesetzgeber hat nichts Konkretes zur Anrechnung von Stunden aufgeführt. Allerdings ist in § 2 Entgeltfortzahlungsgesetz geregelt, dass für Arbeitszeit, die infolge eines Feiertags ausfällt, der Arbeitnehmer Anspruch auf das Arbeitsentgelt hat, welches er ohne den Arbeitsausfall erhalten hätte. Für die Praxis bedeutet dies, dass Feiertage „stundenneutral" sind. Es entstehen also weder Plus- noch Minusstunden. Das gilt auch bei Urlaub und Krankheit!

Für die Mitarbeiter sollten deshalb Arbeitspläne geführt werden. Wir empfehlen immer, die konkreten Arbeitszeiten schon in den Arbeitsvertrag aufzunehmen. Hierzu haben die Tarifvertragsparteien für das Jahresarbeitszeitkonto eine Regelung in § 4 BRTV/RTV Nordrhein getroffen, wonach die regelmäßigen Arbeitszeiten hinsichtlich Lage und Umfang schriftlich festzuhalten sind.

Diese festen Arbeitszeiten, also zum Beispiel „Montag 08:00 bis 17:00 Uhr" (entsprechend nach Abzug der Pausen zum Beispiel acht Stunden), werden als Soll- und Ist-Stunden am Ostermontag und Pfingstmontag so in den Arbeitsplan eingetragen.

Würde man hier den Durchschnittswert eintragen, würden dem Mitarbeiter Minusstunden entstehen. Im Umkehrschluss werden an „kurzen" oder freien Tagen dann auch entsprechend weniger bzw. gar keine Stunden gutgeschrieben. Wer also dienstags regelmäßig frei hat, für den würden am 2. Weihnachtsfeiertag, dem 26. Dezember 2017, einem Dienstag, keine Stunden erfasst.

Nur dann, wenn tatsächlich die Arbeitstage und -stunden jede Woche wechseln, kann ein Durchschnittswert die richtige Lösung sein.

15.3 Das erfolgreiche Gespräch

Wenn in einer Apotheke ein neues Zeiterfassungssystem eingeführt wird, in dem die Einstellungen nicht gesetzeskonform vorgenommen werden, gilt es, zeitnah ein Gespräch zu führen – idealerweise als Team.

Kommt man selber neu in eine Apotheke, muss man das Gespräch im Zweifelsfall alleine führen: *„Liebe Chefin, ich möchte mit Ihnen gerne über mein Stundenkonto sprechen. Haben Sie morgen mal 30 Minuten Zeit für mich?“* Am besten gleich eine ruhige Zeit und einen ruhigen Ort vorschlagen, damit das Gespräch in entspannter Atmosphäre stattfinden kann.

Der Einstieg sollte dann gleich prägnant sein: *„Ich möchte mit Ihnen über die Einstellung von Durchschnittswerten in unserem neuen Zeiterfassungssystem sprechen. Dadurch entstehen mir an manchen Feiertagen Minusstunden.“*

Die Standardantwort ist jetzt entweder: *„Das geht mit dem System nicht anders, das ist so vorgegeben“* oder auch *„Das gleicht sich übers Jahr wieder aus.“* Die erste Antwort ist sicher nicht zutreffend – oder man hat in ein schlechtes System investiert. Richtig ist, dass das genaue Einstellen der Arbeitspläne jedes einzelnen Mitarbeiters natürlich aufwändiger ist, als für jeden nur die Stundenzahl einzutragen. Ob sich das Ganze übers Jahr ausgleicht, hängt so sehr von den individuellen Umständen ab, dass diese pauschale Aussage im Zweifelsfall auch nicht zutreffend ist.

„Wir arbeiten hier alle sehr engagiert mit festen Arbeitsplänen. Es frustriert uns/mich, wenn ich nach einem Feiertag Minusstunden habe. Ich bin nicht damit einverstanden, dass Sie sich an diesem Punkt über gesetzliche Regelungen hinwegsetzen. Soweit ich weiß, ist das eine Frage der Einstellung am System. Hierzu können Sie sich auf der Website von MEP24 informieren.“ (www.mep24software.de/zielgruppen/apotheken/) Auf diese Aussage müsste jede vernünftige Apothekenleitung schon eingehen. Eine vorstellbare Mindestantwort könnte sein: *„Ich schaue mir das noch einmal an.“* oder *„Ich informiere mich über die verschiedenen Einstellungsmöglichkeiten.“* Hier sollten Sie beharrlich bleiben: *„Dann sehen wir uns in zwei Wochen wieder?“*

Wer hingegen zur Antwort bekommt: *„Nein, wir bleiben jetzt dabei, ich ändere da nichts“*, muss jetzt ebenfalls eisern bleiben: *„Das ist rechtlich und tariflich nicht zulässig. Ich bin damit nicht einverstanden.“*

Ist die Apothekenleitung jetzt immer noch nicht dazu bereit einzulenken, kann man das Ergebnis noch einmal zusammenfassen: *„Sie verwenden eine rechtswidrige Einstellung beim Zeiterfassungssystem und sind nicht bereit, das System so einzustellen, dass es den gesetzlichen und tariflichen Vorgaben entspricht. Das kann ich so nicht akzeptieren. Wie kommen wir jetzt zu einer Lösung? Haben Sie eine Idee?“*

Entweder gibt es dann doch einen weiteren Gesprächstermin oder man ist auf dieser kommunikativen Ebene am Ende. Dann gilt es für ADEXA-Mitglieder, die Rechtsberatung einzuschalten.

16 Biometrische Daten

Minou Hansen

Das Führen von Arbeitszeitkonten in elektronischer Form hat schon lange in Apotheken Einzug gehalten. Verschiedene Firmen bieten Programme an, mit denen es Apothekenleitung und Mitarbeitern leichtgemacht werden soll, die angefallenen Arbeitsstunden zu erfassen und zu verwalten. Trugen früher Apothekenleiter oder Mitarbeiter selbst die Stunden per Hand in eine Liste ein, kann dies jetzt per manueller Eingabe am Handy, am Apothekenrechner oder auch per Fingerabdruck-Scan erfolgen.

Bei der manuellen Eingabe ergeben sich Fragen und Problemstellungen in erster Linie daraus, dass Unstimmigkeiten über die Anrechnung von Fehl- oder Feiertagen bestehen. Sofern ein Arbeitgeber die Eingabe per Fingerabdruck – also praktisch die moderne Stempelkarte – wünscht, kommt für die Mitarbeiter manchmal noch dazu, dass sie mit der Art der Datenerfassung Probleme haben. Vielen Menschen ist es unangenehm, derart persönliche Daten offenzulegen. Viele sind auch unsicher darüber, ob dieser Fingerabdruck oder auch ein Iris-Scan als biometrische Daten sicher abgelegt sind oder an anderer Stelle missbräuchlich eingesetzt werden können.

Abb. 16.1 Fingerscan: Moderne Technik, die nicht jedem gefällt.

16.1 Bundesdatenschutzgesetz und EU-Recht

Verständlich und nachvollziehbar ist diese Sorge – und rechtlich auch begründet. Um die Persönlichkeitsrechte auch in einem Arbeitsverhältnis zu schützen, gibt es im Bundesdatenschutzgesetz (BDSG) spezielle Vorschriften zum Arbeitnehmerdatenschutz. Ab dem 25. Mai 2018 werden die Rechte der betroffenen Arbeitnehmer nochmals gestärkt, weil ab diesem Datum die neue EU-Datenschutz-Grundverordnung (EU-DSGVO) zu beachten ist.

16.2 Erforderliche personenbezogene Daten

Zur Verarbeitung personenbezogener Daten gilt schon jetzt die Regelung des § 32 BDSG (später erweitert in § 6 EU-DSGVO), wonach personenbezogene Daten für Zwecke des Beschäftigungsverhältnisses unter anderem dann erhoben und verarbeitet werden dürfen, wenn dies für die Durchführung des Beschäftigungsverhältnisses erforderlich ist. Diese Erforderlichkeit trifft zum Beispiel zu bei den Bankdaten des Mitarbeiters, ohne die ja die Gehaltszahlung nicht erfolgen kann.

16.3 Fingerprint: Einwilligung ist nötig

Bei der Einführung eines Fingerscanners sieht das schon anders aus. Die Erforderlichkeit der Zeiterfassung auf diesem Weg wird im Regelfall nicht gegeben sein, da es vielfältige andere Möglichkeiten gibt: sei es das schriftliche Festhalten der Arbeitszeit auf Papier oder die Dateneingabe per Handy oder Rechner. Die Anbieter von elektronischen Zeiterfassungssystemen bieten stets neben der Eingabe per Fingerprint auch alternative Möglichkeiten an. Dass es möglicherweise einfacher oder gar kostengünstiger ist, nur eine Variante für alle Mitarbeiter auszuwählen, spielt beim Thema Datenschutz keine Rolle.

Wenn die Datenerfassung per Fingerprint nicht erforderlich ist, weil es eben auch andere Möglichkeiten gibt, so ist sie grundsätzlich erst einmal unzulässig.

Abgesehen von der Erforderlichkeit kann eine Datenerfassung und Verarbeitung aber auch zulässig sein, wenn der Beschäftigte einwilligt. Dies galt bislang so auf Grund der Rechtsprechung des Bundesarbeitsgerichts. Ab Mai 2018 wird dies auch in der neuen Datenschutzregelung seinen Niederschlag finden. Wenn Sie als PTA also nichts gegen den Fingerabdruck haben, weil Sie zum Beispiel auch Ihr Smartphone auf diese Weise entsperren, können Sie dieser Nutzung zustimmen. Allerdings ist die Zustimmung nur wirksam, wenn sie freiwillig ist und Sie auch über den Umfang der Datenerhebung- und Nutzung informiert sind.

Wenn Sie nicht einverstanden sind, darf Ihr Arbeitgeber sich nicht darüber hinwegsetzen, sondern muss Ihren Wünschen nach einer anderen Art der Erfassung stattgeben.

16.4 Gesichtserkennung beim E-Learning

Wenn in der Apotheke also ein solches neues System eingeführt wird, sollte man sich – wenn man nicht spontan einverstanden ist – am besten erst einmal Informationen einholen. Kündigt die Apothekenleitung also zum Beispiel im Rahmen einer Teambesprechung an: „*Ab dem nächsten Monat werden wir hier noch moderner und unsere Zeiterfassung einfach und unkompliziert alle per Fingerabdruck machen.*", könnte man antworten: „*Das hört sich ja tatsächlich spannend an. Gibt es dazu Informationsmaterial, in dem ich ein bisschen nachlesen kann?*" Es empfiehlt sich, tatsächlich zunächst diese Information zu lesen, bevor man sich der biometrischen Erfassung verweigert.

Auch wenn sich das jetzt vielleicht etwas theoretisch anhört, so ist es für viele PTA ein tatsächliches Problem. Nicht nur die Zeiterfassung soll über die Eingabe biometrischer Daten erfolgen, sondern einige E-Learning-Fortbildungen, die mit dem Tablet durchgeführt werden, bieten den Zugang über Gesichtserkennung an, was ebenfalls ein gewisses Unbehagen auslösen kann.

16.5 Das erfolgreiche Gespräch

Besteht allerdings nach der Lektüre das Unbehagen fort, sollte man dies deutlich kommunizieren und sich nicht aus Angst vor Auseinandersetzungen in diese Art der Datenerfassung fügen. Hier würde man wieder entsprechend den Regeln zur Gesprächsführung die Apothekenleitung um einen Gesprächstermin bitten: „*Liebe Chefin, ich möchte mit Ihnen noch einmal über die Zeiterfassung sprechen. Hätten Sie nachher, so gegen 14:00 Uhr, eine Viertelstunde Zeit für mich?*" Das Gespräch selber sollte man klar und deutlich einleiten: „*Ich fühle mich nicht wohl dabei, meinen Fingerabdruck elektronisch zu erfassen. Ich möchte deshalb meine Arbeitszeit wie bislang manuell über mein Smartphone eingeben.*" Die Antwort könnte lauten: „*Sie immer mit Ihren Bedenken! Jetzt haben wir so ein schönes, einfaches System für teures Geld gekauft!*" „*Es stimmt, dass ich vorsichtig mit meinen Daten umgehe. Mag sein, dass ich da etwas mehr Bedenken habe als andere.*", könnte eine Erwiderung sein.

„*Jetzt stellen Sie sich mal nicht so an! Sie haben doch gelesen, wie sicher das alles ist.*" „*Das stimmt, die Broschüre war sehr informativ und Sie haben bestimmt auch in ein gutes System investiert. Gleichzeitig spricht ja nichts dagegen, dass ich bei dem System bleibe, das wir jahrelang verwendet haben. Es gibt ja nach wie vor beide Möglichkeiten.*" Hierauf bleibt der Apothekenleitung eigentlich nichts, als Ihnen, wenn vielleicht auch ungern, den bisherigen Zugang weiter zu ermöglichen.

Bleibt man auf Arbeitgeberseite uneinsichtig nach dem Motto: „*Das haben Sie aber nicht zu entscheiden; dieses System wird hier jetzt eingeführt!*", müsste man deutlich werden und sagen: „*An dieser Stelle habe ich tatsächlich doch zu entscheiden. Ohne meine Einwilligung darf die Datenerfassung per Fingerabdruck nicht erfolgen.*" Damit treten Sie klar für Ihren Standpunkt ein und setzen Ihre Rechte durch. Dies mag für die Apothekenleitung unbequemer sein, aber als Mitarbeiterin dürfen Sie Ihre Rechte selbstbewusst vertreten.

17 Videoüberwachung: Wo sind die Grenzen?

Minou Hansen

Wann dürfen Apothekenleiter Kameras zur Überwachung aufstellen und wo werden die Grenzen zur Privatsphäre verletzt? Durch gezielte Kommunikation können Sie das heikle Thema in vielen Fällen erfolgreich zur Sprache bringen.

Aus der Offizin kennen wir den Anblick nur allzu gut: Eine oder mehrere Kameras überwachen entweder die gesamte Frei- und Sichtwahl oder zumindest die Bereiche der Apotheke, die nicht gut einsehbar sind. In manchen Fällen filmen Chefs aber auch gezielt Arbeitsplätze. Wie lässt sich dies rechtlich beurteilen?

17.1 Schutz vor Diebstahl

Nach § 6b Bundesdatenschutzgesetz (BDSG) ist die Überwachung öffentlich zugänglicher Räume mit optisch-elektronischen Einrichtungen (Videoüberwachung) im Einzelhandel nur legitim zur Wahrnehmung berechtigter Interessen, für konkret festgelegte Zwecke und soweit die Maßnahme erforderlich ist.

Abb. 17.1 Eine Videoüberwachung muss angekündigt werden und darf nur in bestimmten Bereichen installiert werden.

Das berechtigte Interesse des Ladenbesitzers, in unserem Fall also der Apothekenleitung, Ladendiebstähle zu verhindern, wurde von Gerichten bestätigt. Falls gleichzeitig weitere Anforderungen des Gesetzes erfüllt sind, also insbesondere ein deutlich sichtbarer Hinweis auf die Überwachung vorliegt, und die Daten zeitnah wieder gelöscht werden, ist nichts gegen die Rechtmäßigkeit der Videoüberwachung einzuwenden.

Neben Kunden sind natürlich auch Mitarbeiterinnen und Mitarbeiter in der Offizin betroffen. Für sie kann dies eine unangenehme Erfahrung sein, und nicht alle sind damit einverstanden, dauerhaft vom Arbeitgeber beobachtet zu werden.

17.2 Beobachtung im Backoffice

Unabhängig vom Kameraeinsatz in der Offizin gibt es darüber hinaus auch immer wieder Chefs, die nicht davor zurückschrecken, gezielt die Arbeitsplätze von Mitarbeitern im Backoffice-Bereich zu filmen. Vorgesetzte können aus der Hauptapotheke beobachten, was in den Filialen passiert.

Diesem nicht gesunden, aber zumindest nachvollziehbaren Wunsch setzt das Arbeitsrecht klare Grenzen. Dabei entsprechen Gesetzeslage und Rechtsprechung im Kern unserer Wahrnehmung: Verstehen kann man es schon irgendwie, aber die Vorstellung, bei der Arbeit dauerhaft gefilmt zu werden, ist doch sehr unbehaglich.

Das Filmen mit Videokameras stellt immer eine Verletzung des allgemeinen Persönlichkeitsrechts und auch des Rechts am eigenen Bild dar. Beide sind grundgesetzlich geschützt, sodass Verletzungen dieser Rechte nur sehr eingeschränkt zulässig sind.

Hier setzen Rechtsprechung und Gesetzgeber zunächst ein berechtigtes Interesse des Arbeitgebers voraus. Diese Bedingung ist bei der Kameraüberwachung in öffentlich zugänglichen Räumen wie der Offizin erfüllt, aber nicht im Backoffice. Ausnahmen gelten, falls es beispielsweise eine ungesicherte Hintertür für Lieferanten gibt, für die Überwachungsbedarf besteht.

Falls es um Arbeitsbereiche geht, etwa den PKA-Arbeitsplatz oder das Labor, dürfte ein berechtigtes Interesse grundsätzlich fehlen. Arbeitsgerichte haben festgestellt, dass bei einer Kameraüberwachung ohne konkreten Anlass grundsätzlich Belange der Beschäftigten Vorrang haben. Der Arbeitgeber müsste zunächst prüfen, ob weniger einschneidende Maßnahmen möglich wären, bei der Hintertür zum Beispiel eine vernünftige Schließanlage.

In aller Regel können Angestellte davon ausgehen, dass die Kameraüberwachung in der Offizin zulässig, in den übrigen Apothekenbereichen unzulässig ist. Soviel zur Rechtslage. Doch wie sollten Sie reagieren, falls Ihr Chef oder Ihre Chefin plötzlich Kameras installiert?

17.3 Das Gespräch suchen

Mein Tipp: Suchen Sie möglichst bald den Dialog. Sollten Sie noch neu in der Apotheke sein, steht vielleicht schon bald ein Feedbackgespräch über Ihren Start in der Apotheke und Ihre erbrachten Leistungen an. Auf die Frage: *„Und, wie gefällt es Ihnen bei uns?“* könnten Sie durchaus die Kritik einbringen.

Findet das Gespräch nicht statt oder werden die Kameras im laufenden Arbeitsverhältnis installiert, ist es besser, selbst die Initiative zu ergreifen und um einen Termin zu bitten. „Zwischen Tür und Angel" lässt sich das heikle Thema schwer erörtern. Machen Sie besser den ersten Aufschlag: *„Chef, ich möchte gerne mit Ihnen über die Videoanlage sprechen. Haben Sie morgen in der Mittagspause circa 20 Minuten Zeit für mich?"*

Schon aus dem Einstieg sollte Ihre Haltung klarwerden: *„Ich habe bemerkt, dass Sie in den hinteren Räumen Kameras installiert haben, die auf unsere Arbeitsplätze gerichtet sind. Das stört mich ganz massiv, und ich möchte, dass die Gerätschaften wieder entfernt werden."*

Vorgesetzte versuchen dann erst einmal, zu beschwichtigen: *„Ach was, das habe ich ja nur zu unserer Sicherheit aufgehängt. Machen Sie sich mal keine Sorgen."* Ihre Antwort: *„Es geht nicht darum, dass ich mir Sorgen mache, bei einem Fehler erwischt zu werden. Ich habe das Gefühl, die ganze Zeit unter Beobachtung zu stehen, und das fühlt sich nicht gut an. Deshalb ist es mir wichtig, dass die Kameras wieder entfernt werden."*

Kommt jetzt ein unverbindliches *„Nun warten Sie mal ab, Sie müssen sich ja erstmal daran gewöhnen"* oder ein klares *„Nein, das habe ich gerade für teures Geld installiert"*, sollten Sie genauso deutlich kontern: *„Es tut mir leid, dass Sie dafür so viel Geld ausgegeben haben. Die Überwachung der Mitarbeiter mit Videokameras ist aber rechtswidrig. Ich bin nicht bereit, das hinzunehmen. Ich habe gelesen, dass wir Angestellten sogar Schadensersatz dafür verlangen können, darum geht es mir aber nicht. Bitte entfernen Sie die Kameras. Meinen Sie, dass Sie das bis zum (Datum) zu schaffen?"*

Indem Sie einen konkreten Termin nennen, haben Sie auch die Möglichkeit, an diesem Tag konkret nachzufassen. Lassen Sie sich nicht abspeisen – Sie sind im Recht und sollten auch darauf bestehen. Filmt ihr Arbeitgeber weiter, können Sie notfalls Schadensersatzansprüche geltend machen.

18 Schwangerschaft und Mutterschutz

Minou Hansen

Kinder sind nicht nur für ihre Eltern der größte Schatz, sie sind auch wichtig für das Funktionieren einer Gesellschaft. Das deutsche Sozialsystem funktioniert nur, wenn genügend Kinder geboren werden. Deshalb gibt es für werdende Mütter umfangreiche gesetzliche Schutzregeln.

Trotzdem wird in einigen Apotheken erst mal mit den Augen gerollt oder mit den Zähnen geknirscht, wenn eine Frau die freudige Mitteilung macht: *„Ich bin schwanger!“* Das ist zwar keine schöne, aber in den Zeiten des Mangels an pharmazeutischem Personal verständliche Reaktion. Wenn eine PTA oder Apothekerin wegen der Mutterschutzfristen und der sich anschließenden Elternzeit wegfällt, muss die Apothekenleitung eine neue Kraft suchen und einarbeiten. Gelingt dies nicht, wird in manchen Apotheken die Arbeit auf den Schultern des Teams verteilt, sodass erheblicher Mehraufwand entstehen kann. Wer seine Apothekenleitung über die Schwangerschaft informiert, sollte das im Hinterkopf haben und nicht allzu enttäuscht über eine verhaltene bis negative Reaktion sein. Passen Sie deshalb einen guten Zeitpunkt für das Gespräch ab und planen Sie etwas Zeit ein.

Abb. 18.1 An den Arbeitsplatz werden bei einer Schwangeren besondere Anforderungen gestellt, um die Gesundheit von Mutter und Kind nicht zu beeinträchtigen.

18.1 Das muss die Schwangere beachten

Was muss man nun selber beachten, wenn man schwanger ist? Nach dem Gesetz soll eine Frau den Arbeitgeber über ihre Schwangerschaft informieren, sobald sie weiß, dass sie schwanger ist. Das ist allerdings nur eine vertragliche Nebenpflicht, bei deren Nichteinhaltung die Schwangere nicht bestraft werden kann. Da leider nicht jede Schwangerschaft gut verläuft, lautet die Empfehlung aus der Praxis an dieser Stelle, die ersten zwölf Wochen der Schwangerschaft abzuwarten, bevor der Arbeitgeber informiert wird.

Anders ist es, wenn durch die konkrete Tätigkeit eine Gefahr für die werdende Mutter oder das Kind besteht. Dann muss die Mitteilung sofort, vielleicht sogar schon bei Verdacht auf eine Schwangerschaft erfolgen. Die Apothekenleitung ist verpflichtet, Mutter und Kind vor Gefahren zu schützen. Und das kann sie natürlich nur tun, wenn sie über die Schwangerschaft auch informiert ist. Wer also zum Beispiel in der Zytostatikaherstellung oder sonst mit gefährdenden Stoffen arbeitet, ist gut beraten, die Apothekenleitung umgehend zu informieren. Das pharmazeutische Personal sollte aufgrund seiner eigenen Fachkunde wissen, welche Substanzen und Tätigkeiten gefährdend sind. Das nichtpharmazeutische Personal dürfte grundsätzlich solchen Stoffen nicht ausgesetzt sein, sollte sich aber im Zweifelsfall bei der Gefahrstoffbeauftragten in der Apotheke oder der behandelnden Ärztin informieren.

Mit der Mitteilung über die Schwangerschaft sollte gleichzeitig auch der voraussichtliche Tag der Entbindung mitgeteilt werden. Denn an diesem Datum orientieren sich weitere mutterschutzrechtliche Vorschriften.

18.2 Kündigungsschutz für Schwangere

Wer schwanger ist, genießt einen besonderen Kündigungsschutz. Dieser gilt auch schon während der Probezeit, also ab dem Datum, in dem der Vertrag unterschrieben ist. Dieser Kündigungsschutz besteht während der Schwangerschaft und mindestens bis zum Ablauf von vier Monaten nach der Entbindung (§ 17 Mutterschutzgesetz). Sollte sich eine Fehlgeburt nach der zwölften Schwangerschaftswoche ereignen, besteht der Kündigungsschutz ebenfalls noch vier Monate nach der Fehlgeburt.

Auch wenn es für den Kündigungsschutz keine Wartefristen gibt, gibt es eine vertragliche Konstellation, die für eine Frau in der Familienplanung ungünstig sein kann: Wenn ein befristetes Arbeitsverhältnis besteht, greift zwar der besondere Kündigungsschutz, das Arbeitsverhältnis verlängert sich aber nicht automatisch. Es wird also zu dem ursprünglich vereinbarten Zeitpunkt trotzdem enden. Wer sich also mit dem Gedanken trägt, eine Familie zu gründen, sollte keinen befristeten Arbeitsvertrag abschließen.

18.3 Weitere gesetzliche Schutzrechte

Neben dem besonderen Kündigungsschutz genießt die werdende Mutter noch weitere Schutzrechte. So darf sie nicht mehr mit Tätigkeiten beschäftigt werden, die ihrer Gesundheit oder der des ungeborenen Kindes schaden würden. Das neue, ab dem 01.01.2018 geltende Mutterschutzgesetz enthält dazu sehr detaillierte Aufzählungen.

Für den Apothekenbereich besonders relevant ist das Verbot der Arbeit mit Gefahrstoffen. In Betracht kommt aber auch ein Verbot von schweren körperlichen Tätigkeiten, zum Beispiel das regelmäßige Heben von Lasten von mehr als fünf Kilogramm ohne mechanische Hilfsmittel. Hier muss eine schwangere PKA aufpassen, dass Pakete, die von ihr bewegt werden, diese Grenze nicht überschreiten. Wenn das regelmäßig der Fall ist, ist der Arbeitgeber verpflichtet, den Arbeitsplatz so umzugestalten, dass die Grenzen eingehalten werden. Genauso unzulässig ist nach Ablauf des fünften Monats das häufige erhebliche Strecken und Beugen. Falls die Einrichtung der Apotheke dies erfordert, muss die Schwangere anders eingesetzt werden. Ein weiteres Merkmal, das gerade in Apotheken häufig eine Rolle spielt, ist das ständige bewegungsarme Stehen. Nach Ablauf des fünften Monats ist dies ein unzulässiger Einsatz, wenn die Tätigkeit vier Stunden täglich überschreitet. Hier müsste also für eine PTA oder Apothekerin im Handverkauf eine Sitzgelegenheit geschaffen werden, mit der das andauernde Stehen unterbrochen werden kann.

18.4 Sonn- und Feiertagsarbeit

Die Arbeit an Sonn- und Feiertagen ist seit dem 01.01.2018 für eine Schwangere nicht mehr vollständig verboten. Sie kann, wenn sie einverstanden ist, auch zu diesen Zeiten arbeiten. Die Regelung ist in erster Linie auf Initiative der Ärztinnen im Krankenhaus geändert worden, da die Krankenhäuser ja durchgehend besetzt sind. Aber natürlich kann sich das auch auf notdienstberechtigtes Personal auswirken.

Eine Beschäftigung an Sonn- und Feiertagen ist zulässig, wenn die Schwangere sich ausdrücklich dazu bereit erklärt und im Anschluss bestimmte Ruhezeiten eingehalten werden. Für den Einsatz in der Apotheke könnte relevant sein, dass eine unverantwortbare Gefährdung der Frau oder des Kindes durch Alleinarbeit ausgeschlossen sein muss. Die wenigsten Apothekerinnen erhalten im Notdienst Unterstützung durch eine PTA, sondern arbeiten in der Regel alleine. Zumindest bei fortgeschrittener Schwangerschaft wird man eine unverantwortbare Gefährdung durch die Alleinarbeit nicht ausschließen können. Die Schwangere kann im Übrigen ihre Einwilligung jederzeit widerrufen. Und das sollte sie auch tun, wenn sie das Gefühl hat, der Einsatz an den Wochenenden gefährdet die Schwangerschaft oder schränkt die eigene Gesundheit ein. Nachtarbeit ab 22:00 Uhr muss auf Antrag des Arbeitgebers von der zuständigen Behörde ausdrücklich genehmigt werden.

18.5 Individuelles ärztliches Beschäftigungsverbot

Das Gesetz bietet also einen umfangreichen Schutz für die Schwangere. Allerdings muss man auch selbst ein Auge darauf haben, dass man sich nicht überlastet und dass alle Vorgaben eingehalten werden.

Wenn es trotz aller Bemühungen nicht mehr geht und die Gesundheit der Schwangeren oder des Kindes gefährdet ist, kann der behandelnde Arzt ein individuelles Beschäftigungsverbot aussprechen.

In diesem Fall dürfte die Mitarbeiterin nicht mehr arbeiten, bekäme aber von ihrem Arbeitgeber einen Nettobetrag als sogenannten Mutterschutzlohn ausgezahlt, der ihrem bisherigen Nettogehalt entspricht. Wenn die Gefährdung mit der Dauer des täglichen

Abb. 18.2 Gesundheit von Mutter und Kind gehen vor: Manchmal wird daher ein ärztliches Beschäftigungsverbot nötig.

Arbeitseinsatzes zusammenhängt, kann auch ein „teilweises" (partielles) Beschäftigungsverbot ausgesprochen werden, dass sich zum Beispiel auf bestimmte Tätigkeiten oder eine bestimmte Stundenzahl beschränkt.

18.6 Generelles Beschäftigungsverbot

Für alle Mütter gilt sechs Wochen vor dem errechneten Termin und acht Wochen danach ein generelles Beschäftigungsverbot. Währenddessen wird der Mutterschutzlohn weitergezahlt. Lediglich die Beträge für die betriebliche Altersvorsorge können nicht weitergezahlt werden, weil es sich bei dem Mutterschutzlohn um eine Entgeltersatzleistung handelt.

Für die Apothekenleitung entstehen übrigens hier keine Kosten: Der Mutterschutzlohn wird dem Inhaber durch die Krankenkasse auf dem Wege des Umlageverfahrens ersetzt.

18.7 Das Gespräch suchen

Gesprächstipps sind an dieser Stelle nur in begrenztem Umfang nötig: Die Schwangerschaft wird dem Arbeitgeber mitgeteilt – und ab diesem Zeitpunkt stehen Ihnen umfangreiche Schutzrechte zu, auf die Sie sich ohne große Diskussionen oder Überredungskünste berufen können. Ein Arbeitgeber ist verpflichtet, Sie jetzt besonders zu schützen. Wenn das nicht erfolgt, müssen Sie sich für Ihre Gesundheit und die des Kindes einsetzen – und notfalls die Unterstützung Ihres Arztes in Anspruch nehmen.

Ein Gespräch kann sinnvoll sein, wenn Sie festgestellt haben, dass Sie trotz der Schwangerschaft zur Sonntagsarbeit eingeteilt sind und diese nicht leisten müssen. Falls Ihnen geraten wird, doch in die Sonntagsarbeit einzuwilligen, sollten Sie deutlich bei Ihrer Meinung bleiben und sich nicht überreden lassen. Sie sind verantwortlich für sich und Ihr Kind und sollten die zur Verfügung stehenden rechtlichen Möglichkeiten nutzen.

19 Notdienst

Minou Hansen

Für bestimmte Berufsgruppen in der Apotheke gehört das Ableisten von Bereitschaftsdiensten zur Pflicht. Dennoch gibt es Grenzen bei der Verteilung entsprechender Dienste.

Nach der Apothekenbetriebsordnung § 23 Abs. 3 i. V. m. § 2 Abs. 5, 6 ApoBetrO sind Apothekerinnen und Apotheker, Apothekerassistenten und Pharmazieingenieurinnen und -ingenieure zur Notdienstbereitschaft berechtigt und nach der Regelung in § 5 BRTV/RTV Nordrhein damit auch verpflichtet. Wer also zu einer dieser Berufsgruppen gehört und eine Tätigkeit in der öffentlichen Apotheke antritt, muss sich darüber im Klaren ein, dass es zu seinen Aufgaben gehört, sowohl in der Nacht, als auch an Sonn- und Feiertagen den Apothekenbetrieb aufrecht zu halten, wenn die Apotheke nach dem Notdienstkalender Notdienst leisten muss. Der Bereitschaftsdienst für die Apotheken wird von den jeweiligen Landesapothekerkammern eingeteilt und fällt, je nach Apothekendichte und Einzugsgebiet unterschiedlich aus.

Abb. 19.1 Die Vergütung und die anteilige Häufigkeit von Notdiensten sind in den Tarifverträgen geregelt.

19.1 Verteilung der Dienste

Bei der Notdienstverpflichtung stellt sich meistens zuerst die Frage, wie viele Dienste vom einzelnen Angestellten überhaupt zu leisten sind. Hierzu gibt es im BRTV/RTV in § 5 Nr. 4 die Regelung, dass vom einzelnen Dienstleistenden nicht mehr als die Hälfte der Dienste der Apotheke zu leisten sind. Dies ist zum Beispiel für Filialleiter wichtig zu wissen: Auch, wenn sie die einzigen notdienstberechtigten Angestellten in der Filiale sind, sind sie, wenn der Tarifvertrag gilt, nicht verpflichtet, mehr als die Hälfte der Dienste dieser Filiale zu leisten. Das kann im Einzelfall mit der gleichzeitig bestehenden Verpflichtung, als Leitung der Filiale für einen ordnungsgemäßen Apothekenbetrieb zu sorgen, kollidieren. In diesem Fall ist aber die Leitung der Hauptapotheke verpflichtet, dafür zu sorgen, dass genügend Personal zur Verfügung steht, um die Bereitschaftszeiten abzudecken.

Ebenso ist es für Teilzeitangestellte wichtig zu wissen, dass sich die Verpflichtung zur Leistung der Hälfte der Dienste auf Vollzeitmitarbeiter, also 40-Stunden-Kräfte bezieht. Wer weniger als 40 Stunden in der Woche arbeitet, kann den Umfang der von ihm zu leistenden Dienste entsprechend berechnen. Wer 20 Stunden in der Woche arbeitet, leistet höchstens ein Viertel der Dienste der Apotheke, bei 30 Stunden sind es entsprechend 37,5 Prozent.

Schließlich kann der Umfang der zu leistenden Dienste noch durch einen weiteren Umstand eingeschränkt sein. Wenn mehrere notdienstberechtigte Angestellte in einer Apotheke arbeiten, sind die Dienste untereinander im Verhältnis zur jeweiligen Arbeitszeit gleichmäßig aufzuteilen. Am einfachsten gelingt dies, wenn man die wöchentlichen Arbeitszeiten der Angestellten addiert und die Anzahl der von der Apotheke zu leistenden Dienste dadurch dividiert. Das Ergebnis wird dann mit der jeweiligen wöchentlichen Stundenzahl der einzelnen Mitarbeiter multipliziert, sodass sich als Ergebnis die Anzahl der vom Einzelnen zu leistenden Dienste ergibt.

Beispiel 1

Eine Apotheke hat pro Monat einen Dienst zu leisten, also zwölf im Jahr.

Es arbeiten vier angestellte Apotheker dort: A mit 40 Stunden, B mit 35, C mit 25 sowie D mit zehn Stunden wöchentlich. Insgesamt gibt es also 110 „Apothekerstunden" in dieser Apotheke. Zwölf geteilt durch 110 ergibt einen Wert von 0,11. Wenn man diesen mit der wöchentlichen Arbeitszeit der einzelnen Mitarbeiter multipliziert, ergibt sich, dass A 4,4 Dienste, B 3,85, C 2,75 und D 1,1 Dienste pro Jahr leisten muss (kleine Abweichungen ergeben sich durch die Rundung).

Beispiel 2

Eine Apotheke hat alle drei Wochen Dienst, also 18 Dienste pro Jahr. Hier arbeiten eine Fillialleitung mit 40 Stunden und eine Teilzeitapothekerin mit 20 Stunden in der Woche. Hier muss man angesichts der Stundenzahl nicht kompliziert rechnen. Die Filialleitung muss die Hälfte der Dienste übernehmen, also neun Dienste, die weitere Angestellte ein Viertel, also 4,5. Die verbleibenden 4,5 Dienste müssen dann entweder vom Leiter der Hauptapotheke oder einem Vertretungsapotheker übernommen werden.

Natürlich kann sich auch die Filialleitung oder die Angestellte entscheiden, die verbleibenden Dienste gegen entsprechende Vergütung zu übernehmen, eine Verpflichtung hierzu besteht aber nicht. Ebenso wird nach der tariflichen Regelung bei der Anzahl der zu leistenden Dienste nicht zwischen Nachtdiensten und Sonn- und Feiertagsdiensten unterschieden. Sie sind jeweils gleich viel wert. Allerdings muss man sich hier darüber im Klaren sein, dass sich die tarifliche Regelung auch nur auf die im Tarifvertrag geregelten Dienste bezieht. Danach dauert ein Nachtdienst von 18:30 bis 8:00 Uhr am nächsten Morgen und ein Sonn- und Feiertagsdienst von 8:00 bis 18:30 Uhr. Damit ist zum einen klar, dass die von manchen Apotheken praktizierte Regelung, an einen Sonntagsdienst gleich noch die Nacht anzuschließen, also von 8:00 bis 8:00 Uhr am Montag nicht ein, sondern zwei Dienste sind, die bei der zu leistenden Anzahl auch als zwei Dienste gezählt werden müssen. Auch in Bezug auf die Vergütung handelt es sich um zwei Dienste: Ein Sonntagsdienst, für den die Vergütung nach Spalte drei des Gehaltstarifvertrags zu zahlen ist und einen Nachtdienst, für den Spalte 2a und 2b gezahlt werden

Beispiel 3

Apotheker A ist im dritten Berufsjahr und leistet einen Dienst am Ostermontag von 8:00 Uhr morgens bis um 8:00 Uhr am darauffolgenden Dienstag. Hierfür erhält er entsprechend der Regelung für seine Berufsjahresgruppe 211,00 Euro für den Feiertag, 70,00 Euro für die Zeit von 18:30 bis 22:00 Uhr und 85,00 Euro für die Zeit von 22:00 bis 8:00 Uhr. Insgesamt werden auf der nächsten Gehaltsabrechnung also 366,00 Euro brutto ausgewiesen sein (BRTV/Gehaltstarifvertrag ADA, Stand 01.06.2017).

Anstelle der Vergütung in Geld gibt es auch die Möglichkeit, dem Dienstleistenden für den geleisteten Dienst Stunden gutzuschreiben. Die entsprechenden Stunden ergeben sich aus § 6 BRTV/RTV Nordrhein.

Bei dem obigen Beispiel würde A für den Feiertagsdienst 10,5 Stunden, für den Spätdienst 3,5 und für die Nacht 5,5 Stunden erhalten, insgesamt also 19,5 Stunden. Nach der tariflichen Regelung entscheidet übrigens die Apothekenleitung darüber, ob in Geld oder Freizeit vergütet wird. Wer Wert darauf legt, dass zum Beispiel Stunden gutgeschrieben werden und nicht Geld gezahlt wird, muss dies mit seiner Apothekenleitung besprechen und am besten auch so gleich in seinem Arbeitsvertrag festhalten

19.2 Vergütung der Nacht- und Notdienste

Bei der Vergütung ist zu bedenken, dass es sich bei der Notdienstvergütung nicht um steuerbegünstigte Zuschläge gem. § 3b Einkommenssteuergesetz handelt, sie werden wie „normales" Bruttogehalt besteuert, sodass, je nach Steuerklasse und Progressionsstufe manchmal gar nicht viel von dem Erarbeiteten übrig bleibt. Andererseits wird es gerade in Zeiten, in denen das pharmazeutische Personal knapp ist, den Apothekenleitungen schwerer fallen, eine Apothekerin frei zu stellen, als ihr die Vergütung zu zahlen.

Mit dem Thema Vergütung ist noch ein weiterer Aspekt verknüpft, den es bei Abschluss des Arbeitsvertrags im Auge zu behalten gilt. Bei einem Gehalt, das um 13 Prozent über dem Tarifgehalt liegt, sind gem. § 6 Nr. 6 BRTV/RTV Nordrhein die zu leistenden Dienste bereits abgegolten. Sie werden also weder in Geld noch in Freizeit vergütet. Je nachdem, wie viele Dienste die Apotheke und damit auch die einzelnen Angestellten zu leisten haben, kann das vermeintlich attraktive übertarifliche Gehalt ganz schnell an Reiz verlieren. Man sollte sich also gut über den Bereitschaftszyklus informieren und am besten konkret die Beträge ausrechnen, die man zum Beispiel bei 12 Prozent über Tarif plus Vergütung der einzelnen Dienste verdienen würde. Selbstverständlich kann man auch gut verhandeln, dass mit dem übertariflichen Gehalt zum Beispiel drei Dienste vergütet sind, die weiteren Dienste jedoch separat in Geld oder Freizeit gezahlt werden. Hier gib es unendlich viele Varianten, für die man offen sein sollte und die man auch ansprechen darf und sollte. Auch wenn ein Gehalt verdient wird, mit dem die Bereitschaftsdienste bereits abgegolten sind, bedeutet das übrigens nicht, dass man damit mehr Dienste machen muss als die Mitarbeiter, die weniger verdienen und denen die Dienste demgemäß zusätzlich vergütet werden müssen. Das ist ein weit verbreiteter Irrglaube.

19.3 Erfolgreiche Verhandlungen mit dem Chef

Bevor man ein Gespräch mit der Apothekenleitung über die Bereitschaftsdienste anfragt, gilt es, genau aufzulisten, wie viele Dienste die Apotheke leisten muss, wie diese verteilt sind und wie viele man selber in der Vergangenheit abgeleistet hat. Je nachdem, was das Verhandlungsziel ist, sollte man sich mindestens eine gute, noch tragbare Alternative überlegen.

Wenn man für sich selber das Ziel hat, gar keine Bereitschaftsdienste mehr zu leisten, ist dieses sehr weit vom Berufsbild entfernt und dürfte dementsprechend schwer umzusetzen sein, selbst wenn man bereit wäre, auf Gehalt zu verzichten. Eine Alternative könnte da zum Beispiel sein, dass man nur noch Sonn- und Feiertagsdienste macht (wenn man nachts zum Beispiel Angst hat) oder andersherum, dass man die Nachtdienste übernimmt, weil man an den Sonntagen lieber mit der Familie zusammen sein möchte. Dabei muss man im Blick haben, dass es zum einen für die Apothekenleitungen tatsächlich schwierig ist, ausreichend notdienstberechtigtes Personal zu finden, um alle Bereitschaftsdienste abzudecken. Zum anderen kann es im Einzelfall auch für die Apothekenleitung selbst bedeuten, deutlich mehr Dienste selbst zu übernehmen, wenn man den Angestellten hier Zugeständnisse macht. Ein solches Gespräch, in dem man erreichen möchte, weniger als die Dienste zu absolvieren, zu denen man nach der tariflichen Regelung verpflichtet ist, wird also voraussichtlich auf starken Widerstand stoßen, auf den man sich einstellen muss. (Wenn es gesundheitliche Gründe gibt, wegen derer man zum Beispiel keinen Nachtdienst mehr leisten kann, kann die Apothekenleitung sich hiergegen nicht wehren).

Größere Erfolgsaussichten dürfte ein Gespräch haben, in dem man zum Beispiel eine gerechtere Verteilung der Bereitschaftsdienste verlangt. Nach der üblichen Gesprächseinladung („*Ich würde gerne mit ihnen über die Bereitschaftsdienste in diesem Jahr sprechen. Haben Sie dafür am nächsten Montag gegen 17:00 Uhr eine halbe Stunde Zeit?*“), kann man gleich konkret in das Gespräch starten: „*Ich habe Sie um dieses Gespräch gebeten, weil ich gesehen habe, dass ich in diesem Jahr fast ausschließlich für die Sonn- und Feiertagsdienste eingeteilt bin. Dadurch entfallen für mich vier Wochenenden, die ich nicht mit meiner Familie verbringen kann. Das bedeutet für mich eine erhebliche Einschränkung, deshalb möchte ich Sie bitten, mich hier anders einzuteilen.*“

Sollte die Antwort lauten: „*Um die Tagdienste reißt sich ja niemand. Und Sie haben ja nun keine kleinen Kinder mehr.*“ Könnte man antworten: „*Das stimmt, aber Sie wissen, dass mein Mann im Schichtdienst arbeitet und wir uns praktisch nur am Wochenende sehen.*“

„*Können Sie sich da nicht untereinander einigen?*“ das ist ein oft genannter Vorschlag, der es der Apothekenleitung ermöglicht, das Thema erst einmal auf später zu verschieben und sich selber aus der Verantwortung zu nehmen. Wenn die Kolleginnen sich einig sind – wunderbar. Oft muss man aber gerade deshalb an die Vorgesetzte herantreten, weil untereinander keine Einigung (mehr) möglich ist: „*Leider nein, deshalb möchte ich Sie als Chefin um eine gerechte Lösung bitten. Ich weiß schon, dass ich als Vollzeitkraft mehr Dienste übernehmen muss als die Kolleginnen, das mache ich ja auch gerne. Mein Vorschlag wäre, dass Sie das Verhältnis auch bei den Wochenenddiensten übernehmen. Ich würde also auch da die Hälfte übernehmen. Dann müssen die anderen Kolleginnen jeder nur ein Wochenende arbeiten. Das ist doch eine faire Lösung.*“

Hiergegen oder gegen einen ähnlichen Vorschlag wird sich eine vernünftige Apothekenleitung kaum mit guten Argumenten wehren können.

20 Elterngeld und Elternzeit

Minou Hansen

Mit Elterngeld und Elternzeit will der Staat Männern wie Frauen ermöglichen, auch während der Betreuung von Kleinkindern dem Arbeitsmarkt zur Verfügung zu stehen und gleichzeitig ein Familieneinkommen zu erzielen.

Das Elterngeld soll zumindest für ein Jahr den Ausfall des Einkommens desjenigen Elternteils abfedern, das sich um die Kinder kümmert. Der Effekt scheint zu sein, dass die meisten Mütter für ein Jahr ganz aussetzen und dann entweder in Voll- oder in Teilzeit wieder ins Berufsleben starten.

Der Gesetzgeber bessert bei Elterngeld und Elternzeit immer wieder nach und passt dieses relativ junge Gesetz den tatsächlichen Erfordernissen an. Da dieses Gesetz den persönlichen Lebensbereich vieler Bürgerinnen und Bürger betrifft und damit auch Wahlentscheidungen beeinflussen könnte, ist es auch politischen Einflüssen und Strömungen unterworfen.

Abb. 20.1 Der Anspruch auf Elternzeit und Elterngeld gehört zu den staatlichen Leistungen für junge Familien.

Im Moment ist der Stand, dass jeder Elternteil pro Kind eine dreijährige Elternzeit in Anspruch nehmen kann. Das bedeutet, dass für drei Jahre der Arbeitsplatz erhalten bleibt und unter bestimmten Voraussetzungen eine Familienversicherung in der Krankenversicherung erhalten bleibt. Auch auf die Rentenansprüche werden Erziehungszeiten angerechnet. Ebenso wird pro Kind ein Jahr, höchstens insgesamt 24 Monate Elternzeit auch auf die Berufsjahre nach der tariflichen Regelung angerechnet.

Der Anspruch auf Elternzeit besteht bis zum vollendeten dritten Lebensjahr des Kindes, also dem Tag vor dem dritten Geburtstag. Die Mutterschutzfristen werden dabei auf die Elternzeit angerechnet.

Dabei kann die Zeit aufgeteilt werden. Für Kinder, die bis zum 30.06.2015 geboren sind, konnte ein Anteil von bis zu zwölf Monaten mit Zustimmung des Arbeitgebers auf die Zeit bis zum vollendeten achten Lebensjahr des Kindes übertragen werden. Gedacht war dies zum Beispiel für die Einschulung des Kindes und die Begleitung zum Schulbeginn. Für Geburten ab dem 01.07.2015 können bis zu 24 Monate Elternzeit zwischen dem dritten und achten Geburtstag beansprucht werden. Hier muss der Arbeitgeber nicht mehr zustimmen. Er könnte allerdings die Elternzeit aus dringenden betrieblichen Gründen ablehnen.

20.1 Beantragung der Elternzeit

Um Elternzeit in Anspruch nehmen zu können, muss man sie rechtzeitig beim Arbeitgeber beantragen. Dabei muss die Elternzeit für die Zeit bis zum dritten Geburtstag sieben Wochen vor Beginn (in den meisten Fällen also eine Woche nach der Geburt), für die Zeit zwischen dem dritten und achten Lebensjahr spätestens 13 Wochen vor Beginn schriftlich verlangt werden. Auch an dieser Stelle ist Planung erforderlich. Die Eltern müssen sich nämlich für die ersten zwei Lebensjahre des Kindes festlegen, ob sie Elternzeit in Anspruch nehmen möchten.

Wer, wie viele Mütter und Väter, sagt: „Ich bleibe ein Jahr zu Hause und steige dann wieder ein", ist daran gebunden. Wenn Sie also zunächst nur ein Jahr Elternzeit beantragen, müssen Sie bis zum zweiten Geburtstag des Kindes wieder arbeiten. Das Risiko, dass der neue Erdenbürger sich als nicht ganz so pflegeleicht erweist, wie erhofft und sich Oma und Opa doch nicht so in die Betreuung einbringen wie versprochen, tragen Sie als Eltern.

Es gibt zwar Möglichkeiten, die Elternzeit zu verlängern. Es müssen dafür aber schwerwiegende Gründe vorliegen. Deshalb kann es eine Option sein, für zwei Jahre Elternzeit zu beantragen, dann aber nur ein Jahr vollständig auszusetzen und im zweiten Jahr wieder teilweise in die Berufstätigkeit einzusteigen. Wer Elternzeit in Anspruch nimmt, darf bis zu 30 Stunden wöchentlich arbeiten. Dies kann natürlich auch schon im ersten Jahr der Elternzeit erfolgen, lohnt sich aber meist nicht, weil das Einkommen dann zumindest anteilig auf das Elterngeld angerechnet wird. Mit dem neuen Modell des ElterngeldPlus gibt es verschiedene Möglichkeiten, Teilzeittätigkeit und Elterngeldbezug zu kombinieren (Infos dazu unter: www. www.bmfsfj.de)

20.2 Besonderer Kündigungsschutz

Wer während der Elternzeit in Teilzeit tätig ist, genießt noch den besonderen Kündigungsschutz des Bundeselterngeld- und Elternzeitgesetzes. Dieser Schutz beginnt bei Elternzeit bis zum dritten Lebensjahr frühestens acht Wochen vor Beginn der Elternzeit und bei späterer Elternzeit frühestens 14 Wochen vor Beginn. Nur in Ausnahmefällen kann ein Arbeitsvertrag auch während der Elternzeit gekündigt werden. Zum Beispiel dann, wenn die Apotheke schließt. Dann muss aber vorab auf jeden Fall die Zustimmung der zuständigen Landesbehörde eingeholt werden. Wer während der Elternzeit eine Kündigung bekommt, sollte sie daher anwaltlich prüfen lassen.

20.3 Reduzierte Arbeitszeit während der Elternzeit

Wer Zeit und Lust hat, für den kann es eine gute Idee sein, während der Elternzeit in Teilzeit tätig zu sein. Bis zu 30 Stunden in der Woche dürfen gearbeitet werden, um den Status der Elternzeit (also in erster Linie den besonderen Kündigungsschutz) nicht zu verlieren. Leider gibt es den Rechtsanspruch auf eine Reduzierung der Arbeitszeit während der Elternzeit nur in Betrieben, die mehr als 15 Mitarbeiter beschäftigen. Auszubildende werden dabei nicht mitgezählt. Hier wird allerdings nur nach Köpfen, nicht nach Stundenzahl gerechnet, sodass unter Berücksichtigung von Boten und Reinigungskräften die Vorschrift durchaus auch in diversen Apotheken greift. Weiter setzt der Anspruch voraus, dass die neue Arbeitszeit für mindestens zwei Monate auf einen Umfang zwischen 15 und 30 Stunden reduziert werden soll und das Arbeitsverhältnis in dem Unternehmen schon länger als sechs Monate besteht.

20.3.1 Mögliche Probleme

Den Antrag auf Reduzierung der Arbeitszeit kann die Apothekenleitung aus dringenden betrieblichen Gründen ablehnen. In der Praxis gibt es hier manchmal Probleme, wenn das Arbeitsverhältnis vor Eintritt in die Mutterschutzfristen nicht gut gelaufen ist. Gab es Streitigkeiten und Auseinandersetzungen, die beim Arbeitgeber das Gefühl entstehen ließen: „Die will ich hier nicht mehr sehen“, dann wird er versuchen, den Antrag auf Teilzeit aus dringenden betrieblichen Gründen abzulehnen.

Ein zweiter Weg, um die Rückkehr in Teilzeit zu verhindern, ist, dem Wunsch auf Verteilung der Arbeitszeiten nicht zu entsprechen, den man als Mitarbeiterin im Teilzeitantrag mitteilen muss. Ist die Betreuung des Kindes zum Beispiel nur vormittags gesichert, ist man darauf angewiesen, eben auch nur vormittags zu arbeiten. Wenn ein Arbeitgeber sich hier querstellt und behauptet, eben dies sei aus organisatorischen Gründen nicht möglich, ist es für die Angestellte schwer, dagegen zu argumentieren.

Natürlich gibt es gerichtliche Möglichkeiten, dies zu überprüfen. Hier würden gerade im Apothekenbereich mit den überdurchschnittlich vielen Teilzeitbeschäftigten die meisten Argumente der Arbeitgeber sofort in sich zusammenfallen. Gerichtlich hat man daher, soweit die anderen Voraussetzungen vorliegen, gute Karten, seine Wünsche und Ansprüche durchzusetzen. Allerdings muss man sich fragen, ob man an einem Arbeitsplatz, den man sich vor Gericht erstritten hat, im Kleinbetrieb Apotheke und mit einem kleinen Kind dann noch gut wird arbeiten können. Gerade mit kleinen Kindern ist man auch als Mitarbeiterin auf eine gewisse Flexibilität und Freundlichkeit bei Arbeitgeber und Kollegen angewiesen. Deshalb ist immer der erste Ratschlag, gut in Kontakt mit der Apothekenleitung und den Kollegen zu bleiben.

Das gilt für die gesamte Schwangerschaft und sollte auch während der Elternzeit, wenn man sich zu Hause um das Baby kümmert, nicht vergessen werden. Ein kleiner Besuch ab und zu in der Apotheke und gelegentliche Telefonate mit der Apothekenleitung stabilisieren die Bindung. Ebenso können Sie auf diese Weise frühzeitig besprechen, wann und wie Sie wieder starten möchten.

20.3.2 Tätigkeit in einer anderen Apotheke

Dieser Kontakt muss Ihnen natürlich guttun. Ist das Verhältnis zerrüttet, tun Sie sich mit Besuchen in der Apotheke im Zweifelsfall keinen Gefallen. Aber auch für diese Fälle sieht der Gesetzgeber eine Lösung vor: Wenn Ihr Arbeitgeber es Ihnen nicht ermöglicht oder Sie selber es nicht möchten, können Sie auch in einer anderen Apotheke tätig werden, ohne dass Sie Ihre Elternzeit unterbrechen müssen. Hier hat Ihr derzeitiger Arbeitgeber auch wenig Möglichkeiten, Ihnen Steine in den Weg zu legen. Die gesetzliche Formulierung lautet, dass Sie die Zustimmung des Arbeitgebers beantragen müssen. Dieser darf sie aber nur innerhalb von vier Wochen aus dringenden betrieblichen Gründen ablehnen. Im Prinzip bedeutet das im Apothekenbereich, dass Ihr Arbeitgeber Ihnen nur die Tätigkeit in einer Konkurrenzapotheke untersagen darf. Da Sie aber ein Grundrecht auf Berufsausübung haben, muss Ihnen in irgendeiner Form auch eine Berufstätigkeit ermöglicht werden. Je weniger Ihr Arbeitgeber Ihnen also mit einer Tätigkeit in seiner eigenen Apotheke entgegenkommt, desto mehr muss er Ihnen die Tätigkeit in einer anderen Apotheke erlauben. Gerade für Mitarbeiter in einem zerrütteten Arbeitsverhältnis, die vielleicht auch nur ungern nach der Elternzeit in ihren ehemaligen Betrieb zurückkehren möchten, kann dies eine gute Möglichkeit sein, in einer neuen Apotheke Fuß zu fassen. Allerdings werden sich die Apothekenleitungen in Zeiten des Fachkräftemangels sehr viel Mühe geben, auch die Mütter und Väter in Elternzeit mit flexiblen Konstruktionen an ihre Apotheke zu binden.

20.3.3 Das Ende der Elternzeit

Wenn die Elternzeit zu Ende geht, müssen Sie sich überlegen, wie es weitergehen soll. Haben Sie zunächst nur für zwei Jahre beantragt, stellen aber fest, dass Sie noch nicht wieder voll einsteigen können oder wollen, müssen Sie dies rechtzeitig, also bei Elternzeit bis zum dritten Geburtstag des Kindes sieben Wochen vorher, beantragen. Bis zum dritten Geburtstag kann Ihr Arbeitgeber hiergegen auch nichts einwenden, sondern ist an Ihren Wunsch gebunden. Endet die Elternzeit, lebt Ihr altes Arbeitsverhältnis zu den bisherigen Konditionen wieder auf. Einen Rechtsanspruch auf Teilzeitbeschäftigung gibt es, entsprechend der Regelung während der Elternzeit, nur in Betrieben mit mehr als 15 Beschäftigten. Der Antrag auf Verringerung der Arbeitszeit muss spätestens drei Monate vor dem Beginn schriftlich beantragt werden. Gleichzeitig muss in dem Antrag die Verteilung der Arbeitszeit angegeben werden.

Wer dies plant, kann zum Beispiel formulieren: „*Nach dem Ende meiner Elternzeit möchte ich, beginnend ab dem …., meine wöchentliche Arbeitszeit auf 25 Stunden reduzieren. Diese sollen sich wie folgt verteilen: Montag bis Freitag von 8:00 bis 13:00 Uhr.*“

20.3.4 Das Gespräch suchen

Diesen Antrag übersendet man im besten Fall nicht nur per Post, sondern nutzt ihn für ein Gespräch. Auch nach dem Teilzeit- und Befristungsgesetz müssen Arbeitnehmer und Arbeitgeber die gewünschten Zeiten erörtern und dann gemeinsam eine Vereinbarung treffen. Es ist also günstig, sich vorher Kompromissmöglichkeiten zu überlegen. Gibt es vielleicht einen Tag, an dem Sie die eher unbeliebtere Spätschicht übernehmen können? Kann der ein oder andere Samstag gearbeitet werden, sodass Sie dort Ihre Vollzeit-Kollegen entlasten können?

Reagiert Ihre Chefin nämlich abweisend: *„Wie stellen Sie sich das denn vor? Sie haben hier eine Vollzeitstelle, das wissen Sie!“*, dann kann Ihre Reaktion sein: *„Das stimmt und ich freue mich auch darauf, wieder zu arbeiten. Allerdings muss ich im Moment auf die Zeiten der Kita Rücksicht nehmen. Und im ersten Jahr habe ich nur einen Platz bis 14:00 Uhr bekommen.“*

„Da kann ja jeder kommen. Das ist doch hier kein Wunschkonzert. Ich möchte, dass Sie in Vollzeit wieder einsteigen.“

„Genau das kann ich im Moment ja nicht. Ich biete Ihnen die 25 Stunden an. Was halten Sie denn davon, wenn wir uns gemeinsam eine gute Verteilung überlegen. Vielleicht ist ja auch eine der Kolleginnen bereit, die Zeiten zu ändern, wenn ich dafür am Samstag einspringe. Das ist für mich zwar keine Dauerlösung, aber vielleicht können wir so starten.“

Hier sollte sich eine konstruktive Diskussion über die Einsatzmöglichkeiten anschließen. Im Moment sind viele Apothekenleitungen tatsächlich in der Not, pharmazeutisches Personal zu finden, sodass es manchmal etwas Kreativität bedarf, eine für beide Seiten gute Lösung zu finden. Wenn Sie bei der Vereinbarung sehr weit entgegengekommen sind, würde ich empfehlen, die Vereinbarung erst einmal zu befristen. So haben beide Seiten die Möglichkeit, noch einmal zu überprüfen, ob das Ergebnis tatsächlich praktikabel ist.

21 Das Pflegezeitgesetz

Minou Hansen

Wie schön es ist, Teil einer Familie zu sein, hat hoffentlich jeder von uns schon einmal gespürt. Familie bedeutet aber nicht nur, gemeinsam eine gute Zeit zu verbringen, sondern auch, sich in Krisen aufeinander verlassen zu können. Werden Angehörige pflegebedürftig, müssen Berufstätige häufig versuchen, dies mit ihrem Job zu vereinbaren.

Auch wenn die klassische Familie für viele Menschen heute durch einen guten Freundeskreis ersetzt wird, so bleibt ihr in unserer Gesellschaft doch eine besondere Rolle. Das sieht man daran, dass Ehe und Familie unter dem besonderen Schutz des Grundgesetzes stehen. Diese Sonderrolle strahlt in andere Rechtsgebiete aus, unter anderem das Arbeitsrecht.

So gibt es nicht nur besondere Freistellungsansprüche, wenn betreuungsbedürftige Kinder erkranken. Auch für Lebensphasen, in denen man sich um ältere, pflegebedürftige Familienmitglieder kümmern muss, bestehen gesetzliche Möglichkeiten, Beruf und Familie zu kombinieren. Für die unterschiedlichen familiären Situationen wurden das Pflegezeitgesetz und das Familienpflegezeitgesetz eingeführt. Dieses Nebeneinander ist etwas kompliziert, soll aber alle Eventualitäten abdecken: Das Pflegezeitgesetz (PflegeZG) ist für kurzfristigere Betreuungen von zehn Tagen bis sechs Monaten vorgesehen. Das Familienpflegezeitgesetz (FPfZG) regelt den langfristigen Betreuungsbedarf bis zu 24 Monaten.

Abb. 21.1 Nach einem Sturz eines Elternteils müssen berufstätige Angehörige oft kurzzeitig eine Pflege organisieren.

Hier geht es um Ansprüche nach dem Pflegezeitgesetz, die für Arbeitnehmer oft am Anfang der Betreuungssituation entstehen.

21.1 Gesetzliche Ansprüche nach dem Pflegezeitgesetz

Nach § 2 PflegeZG hat jeder Arbeitnehmer in einer akut aufgetretenen Pflegesituation den Anspruch, bis zu zehn Arbeitstage der Arbeit fernzubleiben, um für einen nahen Angehörigen eine bedarfsgerechte Pflege zu organisieren oder in dieser Zeit die pflegerische Versorgung sicherzustellen. Dabei handelt es sich um eine unbezahlte Freistellung, für die man Pflegeunterstützungsgeld gemäß § 44 a Abs. 3 SGB XI beantragen kann. Dieses entspricht in der Höhe dem Kinderkrankengeld.

Wenn sich also ein allein lebendes Elternteil bei einem Sturz so verletzt, dass sie oder er sich nicht mehr alleine versorgen kann, können Sohn oder Tochter (oder auch Schwieger- oder Enkelkinder) ihrem Arbeitsplatz für bis zu zehn Tage fernbleiben, um die Pflege und (vorübergehende) Unterbringung in einer Pflegeeinrichtung zu organisieren. Damit hat der Gesetzgeber auch dem Umstand Rechnung getragen, dass heute viele Familienmitglieder weit voneinander entfernt wohnen. Deshalb ist es oft mit einem erheblichen Reiseaufwand verbunden, sich sachgerecht zu kümmern.

21.2 Pflege in häuslicher Umgebung

Leider ist es oft nicht mit dem einmaligen Einsatz getan. In der Folgezeit kristallisiert sich heraus, dass Mutter oder Vater künftig nicht mehr alleine leben können und erst einmal Unterstützung benötigen. Wer sich als Arbeitnehmer wünscht, diese Betreuung selber vorzunehmen, findet auch hier Unterstützung. Ebenfalls im Pflegezeitgesetz (§ 3) sind Regelungen für eine bis zu sechsmonatige Auszeit getroffen, in der die Arbeitszeit reduziert werden oder auch ganz ausgesetzt werden kann, um einen pflegebedürftigen nahen Angehörigen in häuslicher Umgebung zu pflegen. Dieser Anspruch besteht allerdings nur gegenüber Arbeitgebern mit mehr als 15 Beschäftigten (einschließlich Auszubildenden). Es wird nach Köpfen gezählt und Filialverbünde zählen als ein Betrieb, sodass dieser Anspruch durchaus auch in Apotheken anwendbar ist.

Voraussetzung für beide Ansprüche ist eine Pflegebedürftigkeit des Angehörigen. In der Akutsituation reicht es aus, wenn nach dem Attest der behandelnden Ärzte eine Pflegebedürftigkeit voraussichtlich festgestellt werden wird. Ansonsten muss ein Pflegegrad feststehen. Außerdem muss es sich um einen nahen Angehörigen im Sinne des Pflegezeitgesetzes handeln. Und bei der längeren Pflegezeit muss die Betreuung in häuslicher Umgebung stattfinden. Dabei kann der zu Betreuende auch zum Beispiel in einer betreuten Einrichtung leben – für dieses Kriterium ist entscheidend, dass eine eigene Koch- und Sanitäreinheit gegeben ist.

Der Wunsch, die Arbeitszeit zu reduzieren, muss dem Arbeitgeber rechtzeitig schriftlich angekündigt werden; das bedeutet nach dem Gesetz: mindestens zehn Tage vor Beginn der Reduzierung. In diesem Antrag muss gleichzeitig erklärt werden, für welche Zeiten und in welchem Umfang Freistellung in Anspruch genommen werden soll.

Wer sich für eine Stundenreduzierung entscheidet, soll dem Arbeitgeber bereits im Antrag mitteilen, wie die verbleibenden Stunden verteilt werden sollen. Dabei kann man zum Beispiel die Arbeitszeit so verteilen, dass sich in der Woche freie Tage ergeben, in denen man zu seinem Angehörigen fährt. Genauso gut könnte man die Arbeitszeit auf die Nachmittage verteilen, damit man dem Angehörigen bei der Morgenroutine behilflich sein kann.

Beide Seiten sollen sich einigen und dies auch schriftlich fixieren. Die Apothekenleitung darf den Wunsch zur Lage der Arbeitszeiten nur aus dringenden betrieblichen Gründen ablehnen.

21.3 Rechtzeitig Absprachen treffen

Wer alte Eltern hat, bei denen sich eine Pflegebedürftigkeit abzeichnet, ist gut beraten, sich rechtzeitig mit der Apothekenleitung zu verständigen. Im Akutfall ist eine Vorausplanung natürlich schlecht möglich. Da empfiehlt es sich, die Apothekenleitung unterrichtet zu halten und, soweit das persönliche Verhältnis es zulässt, den Kontakt zu halten und möglichst auch die Leitung in die weitere Planung einzubeziehen. Einen solchen Akutfall sollte man stets zum Anlass nehmen, nicht nur für sich allein, sondern auch mit dem Arbeitgeber in die Zukunft zu denken und zu überlegen, wie man am besten mit einer Verschlechterung der Situation umgeht. Bei den momentan oft sehr knapp besetzten Apotheken kommt es teilweise einer Katastrophe gleich, wenn eine Mitarbeiterin oder ein Mitarbeiter plötzlich ausfällt. Auch eine längere Stundenreduktion kann oft nicht einfach „weggesteckt“ werden, sondern bedarf langfristiger Planung.

21.4 Das Gespräch suchen

Hier sollte man die Leitung um einen längeren Gesprächstermin bitten: *„Ich würde gerne mit Ihnen die Situation um meine pflegebedürftige Mutter besprechen. Haben Sie in der nächsten Woche Zeit für mich? Ich denke, wir brauchen ca. eine Stunde, damit wir alles klären können.“* Der Einstieg sollte prägnant sein: *„Sie wissen ja, dass meine Mutter seit ihrem Schlaganfall im Pflegeheim ist. Ihr Zustand ist zwar stabil, aber ich möchte mich gerne noch besser um sie kümmern. Deshalb möchte ich meine Arbeitszeit ab dem nächsten Monat reduzieren. Ideal für mich wären dabei 20 Stunden, möglichst am Nachmittag.“*

Wenn die Leitung jetzt antwortet: *„Ach du lieber Himmel, wie stellen Sie sich das denn vor? Wie soll ich denn so schnell einen Ersatz finden?“*, könnten Sie antworten: *„Das stimmt, das wird bestimmt schwer. Ich habe auch mit mir gerungen, ob ich diesen Antrag tatsächlich stelle. Gleichzeitig ist es mir wichtig, mich um meine Mutter zu kümmern, so lange das noch geht.“*

„Tut mir leid, ich würde Ihnen gerne helfen, aber das kann ich nicht erlauben.“

„Was machen wir denn jetzt? Ich habe mich informiert: Weil wir mehr als 15 Mitarbeiter sind, habe ich einen gesetzlichen Anspruch auf diese Stundenreduzierung. Was können wir machen, damit es für beide Seiten passend ist?“

Jetzt liegt der Ball wieder bei der Apothekenleitung. Klug ist es, noch ein paar Optionen zu haben. Wenn man bei der Stundenzahl oder der Verteilung etwas entgegenkommen kann, wird die Apothekenleitung eher bereit sein, ohne große Auseinandersetzung eine Vereinbarung zu treffen. Deshalb vorher Minimal- und Maximalforderungen überlegen und mit einem kleinen „Puffer“ als Vorschlag in das Gespräch gehen.

22 Minijob

Minou Hansen

Bei Apothekenangestellten sind Minijobs beliebt. Sie sind keineswegs Kollegen zweiter Klasse. Vielmehr haben Minijobber etliche Rechte und Pflichten. Dazu gehören Steuern, Sozialabgaben oder Urlaubsansprüche.

Viele Apothekenangestellte nutzen ein Instrument, das ursprünglich einmal geschaffen wurde, um den Arbeitsmarkt zu beleben: die geringfügige Beschäftigung, besser bekannt als 450-Euro-Job oder Minijob. Sei es, dass man zum Beispiel während der Elternzeit eine geringe Stundenzahl als sanften Einstieg wählt. Ebenso kann es in späteren Lebensphasen Situationen geben, in denen man die Arbeitszeit reduzieren möchte, um sich um pflegebedürftige Angehörige zu kümmern (andere Modelle siehe ▸ Kap. 21). Dann gibt es leider auch immer noch Apothekenangestellte, die mit dem Gehalt aus ihrer Hauptbeschäftigung nicht auskommen und sich zusätzlich – in einer anderen Apotheke oder auch einem ganz anderen Bereich – eine Nebenbeschäftigung suchen. Und nicht zuletzt wächst die Gruppe rüstiger Rentner, die schon Bezüge aus dem Versorgungswerk oder der Renten-

Abb. 22.1 Ein Minijob kann in bestimmten Lebensphasen sinnvoll sein, sollte aber keine Dauerlösung werden.

versicherung beziehen und angesichts des Fachkräftemangels von ihrer Apothekenleitung überredet werden, noch ein paar Stunden pro Woche in der Apotheke zu bleiben. Für all diese Kollegen kann das steuer- und sozialversicherungsrechtlich besonders geförderte Modell der geringfügigen Beschäftigung attraktiv sein. Dazu muss man sich allerdings vorher ein paar Gedanken machen und für sich selber berechnen, welche Stundenzahl passend ist.

22.1 Sozialversicherung

Geringfügig Beschäftigte bis zu einem Verdienst von zwölf Mal jährlich 450 Euro, also 5 400 Euro Jahreseinkommen, müssen als Arbeitnehmer selbst keine Steuern abführen. Hinsichtlich der Sozialversicherungsbeiträge fallen in der Regel Pauschalbeträge an. Arbeitgeber zahlen pauschal 13 Prozent an die Krankenversicherung für gesetzlich Krankenversicherte (auch wenn dies über eine Familienversicherung erfolgt). Das bedeutet gleichzeitig, dass diese Arbeitnehmer keinen Anspruch auf Krankengeld erwerben. Für privat Krankenversicherte werden keine Beiträge vom Arbeitgeber gezahlt.

Aber geringfügige Beschäftigungen unterliegen der Rentenversicherungspflicht. Der Arbeitgeber zahlt Beiträge von 15 Prozent, der Arbeitnehmer 3,7 Prozent. Und er erwirbt damit auch Rentenansprüche, wenn auch in geringer Höhe, da die Beiträge niedrig sind. Die Zeiten werden allerdings voll angerechnet – zum Beispiel auf die Wartezeiten für die Regelaltersrente. Auf Antrag können sich geringfügig Beschäftigte von der Rentenversicherungspflicht befreien lassen und zahlen dann ihren eigenen Anteil nicht. Auf die Wartezeiten wird die Beschäftigung dann nur anteilig angerechnet. Deshalb lohnt es sich, eine Befreiung von der Rentenversicherung in jedem Einzelfall gut zu überlegen. Hier kann auch ein Rentenberater unterstützen.

Wer über längere Zeiträume ausschließlich geringfügig arbeitet, sollte sich um eine zusätzliche Altersabsicherung kümmern. Hier besteht die Möglichkeit, die tarifliche Sonderzahlung in Höhe eines zusätzlichen 13. tariflichen Bruttomonatsgehalts in eine betriebliche Altersvorsorge einzuzahlen. Dadurch wird auch vermieden, dass das Gesamtjahreseinkommen die gesetzliche Grenze übersteigt.

22.2 Unfallschutz und Anrechnung der Berufsjahre

Unfallschutz am Arbeitsplatz und die Versicherung über die Berufsgenossenschaft für Wegeunfälle bestehen auch bei einer geringfügigen Beschäftigung. Auch auf die Berufsjahre wird eine solche Beschäftigung angerechnet. Denn es gilt: In wessen Arbeitsverhältnis der Bundesrahmentarifvertrag (oder der Rahmentarifvertrag Nordrhein) gilt, der erwirbt immer höhere Gehaltsansprüche, je mehr Berufserfahrung er hat. Jede Tätigkeit ab 20 Stunden in der Woche wird dabei voll auf die Berufsjahre angerechnet, alles darunter anteilig im Verhältnis zu einer Vollzeittätigkeit. Wer nur zehn Stunden in der Woche tätig ist, muss also vier Jahre arbeiten, um ein Jahr auf die Berufsjahre angerechnet zu bekommen.

Ansonsten sollte man sich bei einer geringfügigen Beschäftigung sehr bewusst sein, dass der Gesetzgeber ein solches Arbeitsverhältnis arbeitsrechtlich als absolut gleichwertig ansieht. Es ist Arbeitgebern sogar ausdrücklich untersagt, Teilzeitbeschäftigte wegen ihrer Teilzeittätigkeit zu diskriminieren (§ 4 TzBfG). Wenn also Gerüchte umgehen, geringfügig Beschäftigte hätten keinen Urlaubsanspruch oder keinen Anspruch auf die tarifliche Sonderzahlung, so ist das nicht korrekt.

22.3 Urlaubsansprüche

Geringfügig Beschäftigte haben Anspruch auf die gleiche Anzahl von Urlaubswochen wie Vollzeitbeschäftigte. Da Urlaubsansprüche üblicherweise in Werktagen einer Sechs-Tage-Woche berechnet werden, muss man diese allerdings eventuell umrechnen. So beläuft sich der gesetzliche Urlaubsanspruch auf 24 Werktage (vier Wochen), der tarifliche Anspruch sogar auf 33 Werktage (5,6 Wochen). Wer einen individuellen Arbeitsvertrag aushandelt, sollte sich an diesen Werten orientieren.

Wenn man nicht an jedem Tag in der Woche arbeitet, sondern als pharmazeutisches Personal vielleicht sogar nur an einem Tag, muss der Urlaubsanspruch umgerechnet werden. Man rechnet wie bei anderen Teilzeitkräften auch:

Urlaubsanspruch geteilt durch sechs Werktage mal individuelle Arbeitstage. Also zum Beispiel $33 : 6 \times 1$ (bei einem Arbeitstag in der Woche) = 5,6 Urlaubstage. Je Urlaubswoche muss dann auch nur ein Tag Urlaub abgezogen werden, sodass in jedem Fall die gleiche Anzahl von Wochen verbleibt wie bei einer Vollbeschäftigung.

22.4 Besonderheiten im Arbeitsvertrag

Beim Abschluss des Arbeitsvertrages (den man auch als geringfügig Beschäftigter schriftlich erhalten sollte), kann es noch weitere Besonderheiten geben. So ist die feste Vereinbarung der Lage der Arbeitszeiten gerade bei einer geringfügigen Tätigkeit besonders zu empfehlen. Denn wer sich für eine geringfügige Beschäftigung entscheidet, hat ja in der Regel einen guten Grund, warum sie oder er nicht an jedem Tag in der Woche arbeiten kann. Sei es, dass man andere außerberufliche Verpflichtungen hat oder dass man noch eine weitere Beschäftigung ausübt. Wenn diese an bestimmten Wochentagen stattfindet, muss die geringfügige Beschäftigung logischerweise auf die restlichen Tage der Woche verteilt werden. Im Arbeitsrecht ist es so, dass die Bestimmung der Lage der Arbeitszeiten grundsätzlich im sogenannten Direktionsrecht des Arbeitgebers liegt und dort auch verbleibt. Nur wenn sich beide Parteien des Arbeitsvertrags darauf geeinigt haben, an welchen Tagen von wann bis wann gearbeitet wird und dass diese Zeiten verbindlich festgelegt sein sollen, werden sie zum festen Bestandteil des Arbeitsvertrags und können nicht mehr einseitig abgeändert werden. Eine solche Einigung ist auch mündlich wirksam und verbindlich. Allerdings zeigt die Erfahrung, dass man sich im Verlauf eines längeren Arbeitsverhältnisses oft nicht mehr genau an Absprachen erinnert. Deshalb lautet die Empfehlung, die Lage der Arbeitszeiten schriftlich in den Arbeitsvertrag aufzunehmen. Der in vielen Musterarbeitsverträgen befindliche Zusatz: „... und können bei betrieblicher Notwendigkeit jederzeit vom Arbeitgeber abgeändert werden" sollte daher, gerade wenn man als Mitarbeiter in diesem Punkt nicht flexibel ist, gestrichen werden.

22.5 Berechnung der wöchentlichen Stundenzahl

Schwierig und kompliziert wird es manchmal, wenn man berechnen möchte, wie viele Stunden man denn nun für die 450 Euro oder auch jedes andere monatliche Gehalt arbeiten muss.

Hierzu muss erst einmal der Stundenlohn ermittelt werden. Wer schon in einer Apotheke arbeitet und wegen Elternzeit oder Ruhestand die Stundenzahl reduzieren möchte, berechnet sein neues Gehalt bzw. die Stundenzahl auf dieser Grundlage. Man dividiert das aktuelle monatliche Bruttogehalt durch die wöchentliche Stundenzahl und dann noch einmal durch 4,33. Rechnerisch hat ein Monat 4,33 Wochen (52 Wochen pro Jahr : 12 Monate = 4,33. Aus dieser Berechnung ergibt sich dann das Gehalt, das man pro Stunde verdient.

Wer ein 13. Gehalt bzw. eine tarifliche Sonderzahlung erhält, muss dies natürlich in den Stundenlohn einrechnen. Man dividiert dafür die Sonderzahlung durch 12, addiert diesen Betrag zum monatlichen Gehalt dazu und rechnet dann den oben beschriebenen Rechenschritt weiter. Alternativ kann auch das 13. Gehalt in die betriebliche Altersvorsorge einbezahlt werden. Wenn man diese Variante wählt, wird die Sonderzahlung nicht in den Stundenlohn eingerechnet. Diese Rechenwege sollte man einhalten, wenn man bereits in einer Apotheke arbeitet und lediglich die Arbeitszeit auf eine geringfügige Beschäftigung reduzieren möchte.

Wer in ein neues Arbeitsverhältnis startet, sollte sich bei der Berechnung des Gehalts mindestens am Tarifgehalt orientieren. Je nachdem, wie begehrt man als Arbeitskraft ist und wie die Konditionen vor Ort sind, kann man sich dann unter Umständen noch eine übertarifliche Zulage aushandeln.

Der tarifliche Stundenlohn wird berechnet, indem man das Tarifgehalt durch 173 dividiert. Bei Geltung des BRTV bzw. RTV Nordrhein ist die tarifliche Sonderzahlung verpflichtend. Man muss also das Tarifgehalt der jeweiligen Berufsjahresgruppe mal 13 rechnen und durch 12 dividieren, um das monatliche Gehalt zu berechnen. Das teilt man dann wiederum durch 173, um den Stundenlohn unter Einberechnung der Sonderzahlung zu erhalten.

Beispiel 1

Eine Apothekerin im 6. bis 10. Berufsjahr verdient nach dem Gehaltstarifvertrag (Tarifbereich ADA, Stand 01.06.2017) 3 727 Euro bei einer 40-Stunden-Woche. Das Jahresgehalt beträgt unter Einbeziehung der tariflichen Sonderzahlung 48 451 Euro, umgerechnet auf den Monat sind dies 4 037,58 Euro. Unter Einberechnung der tariflichen Sonderzahlung ergibt das 23,33 Euro pro Stunde (4 037,58 : 173). Um zu berechnen, wie viele Stunden man für 450 Euro im Monat arbeiten muss, teilt man 450 : 23,33 = 19,28 Stunden pro Monat. Das entspricht 4,45 Stunden in der Woche (19,28 : 4,33).

Beispiel 2

Eine PTA im Kammerbezirk Nordrhein verdient ab dem 10. Berufsjahr 2620 Euro im Monat bei einer 40-Stunden-Woche (Stand 01.01.2018). Im Jahr sind das einschließlich der Sonderzahlung 34060 Euro, umgerechnet auf den Monat dann 2838,33 Euro (2620 × 13 : 12 = 2838,33 Euro). Wenn man die tarifliche Sonderzahlung einberechnet, beträgt der Stundenlohn 16,40 Euro (2838,33 : 173). Für 450 Euro muss man also 27,43 Stunden im Monat, entsprechend 6,33 Stunden in der Woche arbeiten.

Beispiel 3

Pharmazieingenieure verdienen ab dem 15. Berufsjahr 2912 Euro monatlich bei einer Vollzeittätigkeit (ADA, Stand 01.06.2017). Unter Einrechnung der Sonderzahlung beträgt das Jahresgehalt 37856 Euro; umgerechnet auf den Monat sind das 3154,66 Euro. Der Stundenlohn beträgt 18,23 Euro. Für 450 Euro im Monat muss ein Pharmazieingenieur also 24,68 Stunden arbeiten, das entspricht 5,60 Stunden in der Woche.

Beispiel 4

Für PKA im Kammerbezirk Nordrhein beträgt das Tarifgehalt für Angestellte zwischen dem 8. und 9. Berufsjahr 2112,00 Euro (Stand 01.01.2018). Die Sonderzahlung eingerechnet, sind das 27456 Euro im Jahr, auf 12 Monate aufgeteilt 2288 Euro. Der Stundenlohn einschließlich der Sonderzahlung beträgt dann also 13,22 Euro. Für 450 Euro muss eine PKA in dieser Berufsjahresgruppe 34 Stunden im Monat und 7,85 Stunden in der Woche arbeiten.

Die Stundenbruchteile, die sich bei der Umrechnung ergeben, müssen in Minuten umgerechnet werden. Man multipliziert dann 60 (Minuten) mit der Nachkommastelle, im letzten Beispiel also mit 0,85 = 51 Minuten. Natürlich sind solche „krummen" Zahlen im Apothekenalltag nicht ganz einfach umzusetzen, aber hier kann man als Arbeitgeber entweder Entgegenkommen zeigen und einzelne Minuten wegfallen lassen oder man setzt die monatlichen Stunden in andere Werte um. Im letzten Beispiel etwa nicht jede Woche 7,85 Stunden, sondern drei Wochen à neun Stunden und jede vierte Woche nur sieben Stunden.

Es ist übrigens nicht möglich, bei dem gleichen Arbeitgeber sowohl eine Haupt- als auch eine Nebenbeschäftigung auszuüben. Die steuerliche bzw. sozialversicherungsrechtliche Begünstigung greift nur dann, wenn es sich um zwei unterschiedliche Arbeitgeber handelt. Wer hiervon profitieren möchte, muss sich also eine Nebenbeschäftigung suchen, die bei einem anderen Arbeitgeber stattfindet.

23 Die jährliche Sonderzahlung

Minou Hansen

Zu Beginn der Weihnachtszeit soll es zumindest für die tarifgebundenen Mitarbeiter in Apotheken eine kleine Geldspritze auf dem Konto geben: Spätestens mit dem Novembergehalt ist die jährliche tarifliche Sonderzahlung in Form eines tariflichen Bruttomonatsgehalts fällig. Das ist aber nicht immer der Fall.

Bei einigen Angestellten wird es erfahrungsgemäß nur eine anteilige Zahlung geben, bei manchen wird nur das „normale" Gehalt auf dem Konto sein. Verständlicherweise ist die Enttäuschung groß – und dies kann und sollte auch Anlass für ein Gespräch mit der Apothekenleitung sein.

23.1 Gibt es einen Anspruch?

Bevor man sich in dieses Gespräch begibt, empfehlen wir eine gründliche Vorbereitung. Erster Schritt ist die Klärung, ob man als Mitarbeiter einen Rechtsanspruch auf die tarifliche Sonderzahlung hat. Voraussetzung ist die Geltung des Bundesrahmentarifvertrags (bzw. des RTV Nordrhein). Wenn beide Seiten tarifgebunden sind, also die Apothekenleitung Mitglied im Arbeitgeberverband Deutscher Apotheken (ADA) oder im Kammer-

Abb. 23.1 Für tarifgebundene Mitarbeiter besteht Anspruch auf eine jährliche Sonderzahlung in Höhe des tariflichen Bruttomonatsgehalts.

bezirk Nordrhein Mitglied in der TGL Nordrhein ist und der Angestellte Mitglied bei ADEXA ist, gelten die tariflichen Bedingungen per Gesetz. Die Apothekenleitung darf in diesem Fall nicht zu Lasten des Mitarbeiters davon abweichen. Selbst wenn die Sonderzahlung im Arbeitsvertrag nicht erwähnt oder gar ausgeschlossen ist, besteht bei Tarifbindung ein Rechtsanspruch auf die Zahlung.

Mit dem Abschluss des neuen **Bundesrahmentarifvertrags** ist eine Vorschrift eingefügt worden, die den Mitarbeitern Planungssicherheit bringen soll: Wenn der Arbeitgeber beabsichtigt, die Sonderzahlung nach § 19 BRTV um höchstens 50 Prozent zu kürzen, muss er dies vier Wochen vor dem Auszahlungstermin ankündigen.

Auch bei nicht tarifgebundenen Mitarbeitern kann sich ein Rechtsanspruch ergeben, wenn dies im Arbeitsvertrag so vereinbart worden ist. Dies kann entweder ausdrücklich sein (zum Beispiel: „Der Mitarbeiter erhält mit dem Novembergehalt eine Sonderzahlung in Höhe eines 13. Bruttomonatsgehalts/eines tariflichen Bruttomonatsgehalts") oder auch, indem auf die Regelungen des Bundesrahmentarifvertrags verwiesen wird.

Ebenso gibt es einen Rechtsanspruch aus der sogenannten **betrieblichen Übung**. Wenn dreimal in Folge ein Weihnachtsgeld gezahlt worden ist, ohne dass die Apothekenleitung jeweils darauf hingewiesen hat, dass es sich um eine freiwillige Leistung handelt, auf die kein Rechtsanspruch besteht, erwirbt der Mitarbeiter einen Rechtsanspruch darauf, dass dieses Weihnachtsgeld weiterhin gezahlt wird. Allerdings kommt diese Variante mittlerweile eher selten vor, weil sie in den meisten Arbeitsverträgen bereits ausgeschlossen ist.

23.2 Das Gespräch suchen

Wenn feststeht, dass man als Mitarbeiter einen Rechtsanspruch auf die Sonderzahlung hat, sollte man zeitnah das Gespräch mit der Apothekenleitung suchen (▶ Kap. 2). *„Liebe Frau ..., ich möchte gerne einen Gesprächstermin mit Ihnen vereinbaren. Es geht um die Sonderzahlung für 2017. Passt es Ihnen am Mittwoch um 14:00 Uhr? Ich denke, wir kommen mit 20 Minuten aus."* Sollte Ihr Gesprächspartner jetzt ausweichen (unangenehmes Thema!) und zum Beispiel mit erhöhtem Arbeitsaufkommen in der Vorweihnachtszeit argumentieren, antworten Sie: *„Dann nennen Sie mir bitte einen Alternativtermin innerhalb der nächsten zehn bis 14 Tage. Das Thema ist mir sehr wichtig."*

Zeit und Ort sollten so gewählt sein, dass tatsächliche Ruhe gegeben ist und keine Störung durch andere Mitarbeiter oder gar Kunden erfolgen kann.

23.2.1 Bei Tarifbindung

Im Gesprächseinstieg soll klargestellt werden, warum Sie gerade jetzt mit Ihrem Gegenüber über gerade dieses Thema sprechen: *„Ich habe Sie um dieses Gespräch gebeten, weil ich festgestellt habe, dass ich mit der letzten Gehaltsabrechnung nicht die Sonderzahlung bekommen habe, die mir nach dem Tarifvertrag/nach meinem Arbeitsvertrag zusteht."*

Das weitere Vorgehen hängt jetzt von der Reaktion des Gegenübers ab. Wenn behauptet wird *„Die Sonderzahlung steht Ihnen aber gar nicht zu. Ich habe bewusst darauf geachtet, dass das in meinen Arbeitsverträgen ausgeschlossen wird"*, könnte eine mögliche Antwort sein: *„Darüber war ich auch zuerst gestolpert. Ich habe mich dann aber informiert, bevor ich Sie um den Termin gebeten habe, und erfahren, dass dies unwirksam ist, wenn beide Seiten tarifgebunden sind. Da ich ADEXA-Mitglied bin und Sie Mitglied im Landesapotheker-*

verband, müssen wir beide uns an den Bundesrahmentarifvertrag halten." Möchte die Apothekenleitung das selbst rechtlich prüfen lassen, steht ihr das natürlich zu. Man kann dann so reagieren: „*Was meinen Sie, wann Sie das klären können? Geben Sie mir dann am … Bescheid?*" Hier ist ganz wichtig, einen verbindlichen Folgetermin zu vereinbaren. Zwischenzeitlich wird der Arbeitgeber die Bestätigung durch seinen Verband bekommen, sodass es im zweiten Gespräch dann „nur noch" um die Auszahlungsmodalitäten gehen kann.

23.2.2 Wenn es der Apotheke schlecht geht

Eine andere Reaktion könnte darin bestehen, dass Ihnen gesagt wird: „*Wir konnten dieses Jahr keine Sonderzahlungen leisten. Sie sehen doch selber, wie schlecht die wirtschaftliche Lage ist.*" Hier hängt Ihre Antwort von den Umständen ab. Vorstellbar wäre: „*Ja, ich habe auch gemerkt, dass die Schließung der Arztpraxis sich negativ ausgewirkt hat. Da Sie die beabsichtigte Kürzung allerdings nicht angekündigt haben, wäre eine Kürzung jetzt nicht mehr zulässig.*"

Falls der Arbeitgeber die Kürzung fristgerecht angekündigt hat, Sie aber Zweifel an deren Notwendigkeit haben, wäre ebenfalls ein Gespräch wichtig: „*Nach meinem Eindruck hat sich die wirtschaftliche Lage der Apotheke durch … gerade im Vergleich zum Vorjahr deutlich verbessert. Ich sehe deshalb nicht, dass die Voraussetzungen für eine Kürzung gegeben sind*". Beharrt der Arbeitgeber jetzt auf wirtschaftlichen Gründen, könnte man so reagieren: „*Ich sehe, wir kommen alleine hier nicht weiter. Ob die wirtschaftliche Lage eine Kürzung rechtfertigt, lassen wir am besten prüfen. Sollen wir es so machen, dass Sie sich an Ihren Verband wenden und ich mich an ADEXA?*" Lässt sich der Arbeitgeber hierauf nicht ein, kann man fragen: „*Was schlagen Sie denn vor? Wie kommen wir hier zusammen?*" Auch hier sollte ein verbindlicher Folgetermin vereinbart werden.

In solch einem Fall dürfen Sie uns als ADEXA-Mitglied gerne mit der Prüfung beauftragen. Der Arbeitgeber müsste uns dann prüffähige Zahlen seines Steuerbüros vorlegen.

24 Kündigung

Minou Hansen

Im Laufe eines Arbeitslebens muss jeder von uns damit rechnen, mit einer Kündigung konfrontiert zu werden. Verlieren Sie keine Zeit – unternehmen Sie sofort die wichtigsten Schritte.

An einer Kündigung ist nichts Anrüchiges und kein Zeichen dafür, dass man selber schlecht gearbeitet hat, sondern sie ist oft einfach den wirtschaftlichen Umständen geschuldet. Wem es allerdings oft passiert, vielleicht auch schon nach kurzer Zeit, im Betrieb eine Kündigung zu bekommen, tut gut daran, einmal für sich selbst zu überprüfen, ob man selber etwas zum Scheitern der Zusammenarbeit beigetragen hat. Hier hilft manchmal auch die direkte Frage an Arbeitgeber und Kollegen. Wer offen ist, kann vielleicht etwas mitnehmen und sein weiteres Berufsleben förderlicher gestalten. Dies natürlich alles nur für den Fall, dass man des Öfteren vermeintlich unvorhersehbar in die Situation kommt, dass ein Arbeitsverhältnis beendet wird. Üblicherweise erwartet man, dass ein Kündigungsschreiben nicht wortlos übersandt wird, sondern dass hier ein paar Worte über die

Abb. 24.1 Kündigung: Bei einem so einschneidenden Ereignis kann man schnell den Überblick verlieren.

Gründe vom Arbeitgeber mitgeteilt werden. Wenn das nicht erfolgt, empfiehlt es sich für den eigenen Seelenfrieden, einmal nachzufragen. Ein Arbeitgeber ist zwar erst ab einer bestimmten Betriebsgröße und auf Nachfrage verpflichtet, die Kündigungsgründe anzugeben, aber im Gespräch kann man unter Umständen dann doch wenigstens ein paar Tipps für das eigene zukünftige Verhalten mitnehmen.

24.1 Fristen

Wer eine Kündigung bekommt, muss schnell reagieren. Für bestimmte Dinge gibt es Fristen, die nicht überschritten werden dürfen. So muss man sich innerhalb von drei Tagen nach Zugang der Kündigung bei der **Arbeitsagentur** arbeitssuchend melden. Telefonisch ist das meist ausreichend; die weiteren Schritte werden dann dort besprochen. An dieser Stelle gibt es wenig Möglichkeiten, sich über die drei-Tages-Frist hinweg zu setzen. Wer die Frist versäumt, wird für eine Woche in Bezug auf das Arbeitslosengeld gesperrt. Eine längere Frist gilt nur bei langen Kündigungsfristen oder zum Beispiel auch bei befristeten Arbeitsverhältnissen, die nicht verlängert werden. Hier muss man sich drei Monate vor dem Ende des Arbeitsverhältnisses bei der Arbeitsagentur melden. Wer sich wegen einer Erkrankung zunächst nicht persönlich bei der Arbeitsagentur melden kann, muss dies umgehend nachholen, sobald der Hinderungsgrund, also die Erkrankung, weggefallen ist. Die Empfehlung lautet in jedem Fall, sich auch wenn man krank ist, zumindest telefonisch zu melden, um keine Sperrfristen auszulösen.

Eine weitere Frist, die zu beachten ist, ist die **Klagefrist** für mögliche Klagen gegen die Kündigung. Hier gilt nach dem Kündigungsschutzgesetz eine Frist von drei Wochen ab Zugang der Kündigung. Grundsätzlich ist eine Kündigung nur dann überprüfbar, wenn auf den Betrieb das Kündigungsschutzgesetz Anwendung findet. Dies ist für Arbeitsverhältnisse, die nach dem 01.01.2004 entstanden sind, dann der Fall, wenn in dem Betrieb ständig mehr als zehn Arbeitnehmer beschäftigt sind. Für bereits vor dem 01.01.2004 begründete Arbeitsverhältnisse müssen es mehr als 5 Arbeitnehmer sein. Der Apothekenleiter und die Auszubildenden zählen nicht mit. Die Arbeitnehmer werden wie folgt bewertet: bis 20 Stunden: 0,5, bis 30 Stunden: 0,75, darüber: ein Arbeitnehmer. Zudem müssen Sie mindestens sechs Monate im Arbeitsverhältnis gestanden haben.

Sie müssen also die Mitarbeiter in Ihrer Apotheke durchzählen, um zu überprüfen, ob Sie etwas gegen die Kündigung an sich unternehmen können. Dabei zählen Hauptapotheke und Filialen zusammen als ein Betrieb.

24.1.1 Kündigung bei Erkrankung

In Betrieben, die nicht die nach dem Kündigungsschutzgesetz erforderliche Mitarbeiterzahl haben, kann man leider wenig gegen eine Kündigung unternehmen. So ist, entgegen einem weit verbreiteten Irrglauben, eine Kündigung auch gegenüber erkrankten Mitarbeitern zulässig. Bei Geltung des Kündigungsschutzgesetzes ist eine Kündigung wegen der Erkrankung zwar nur sehr eingeschränkt möglich. Das wäre eine sogenannte personenbedingte Kündigung, für die nach der Rechtsprechung unter anderem eine negative Gesundheitsprognose und eine bestimmte Anzahl von Krankheitstagen bzw. häufige Kurzerkrankungen vorliegen müssen, um eine krankheitsbedingte Kündigung zu rechtfertigen. Wenn im Apothekenbereich eine Kündigung gegenüber einem Mitarbeiter im

Krankenstand ausgesprochen wird, wird in der Regel ein anderer Grund, meist betriebsbedingte Gründe oder im Kleinbetrieb gar kein Grund für die Kündigung genannt.

24.1.2 Neuer Inhaber

Ebenso gibt es nicht, wie vielfach angenommen, einen einjährigen Schutz gegen Kündigungen, wenn eine Apotheke auf einen neuen Inhaber übergeht, also zum Beispiel verkauft wird. Dann dürfen zwar tarifliche Regelungen erst nach einem Jahr gekündigt werden, wenn der Erwerber nicht tarifgebunden ist. Alle anderen Bedingungen des Arbeitsverhältnisses kann der neue Inhaber der Apotheke aber genauso kündigen, wie der bisherige Inhaber dies gekonnt hätte.

24.1.3 Kündigungsfristen

Auch im Kleinbetrieb müssen die Kündigungsfristen eingehalten werden. Diese betragen nach der tariflichen Regelung einen Monat zum Monatsende, nach dem Gesetz sind es vier Wochen zum 15. oder zum Monatsende. Eventuell sind in Ihrem Arbeitsvertrag auch längere Kündigungsfristen vereinbart, dann wären diese maßgeblich. Bei längerer Betriebszugehörigkeit verlängern sich die gesetzlichen Kündigungsfristen. Die Kündigungsfristen gemäß § 622 Abs. 2 BGB betragen für eine Kündigung durch den Arbeitgeber, wenn das Arbeitsverhältnis in dem Betrieb oder Unternehmen

- Zwei Jahre bestanden hat, einen Monat zum Ende eines Kalendermonats,
- Fünf Jahre bestanden hat, zwei Monate zum Ende eines Kalendermonats,
- Acht Jahre bestanden hat, drei Monate zum Ende eines Kalendermonats,
- Zehn Jahre bestanden hat, vier Monate zum Ende eines Kalendermonats,
- Zwölf Jahre bestanden hat, fünf Monate zum Ende eines Kalendermonats,
- 15 Jahre bestanden hat, sechs Monate zum Ende eines Kalendermonats,
- 20 Jahre bestanden hat, sieben Monate zum Ende eines Kalendermonats.

24.1.4 Einhalten der Fristen

Diese Fristen hängen davon ab, wie lange Sie selber schon in der Apotheke arbeiten. Es kommt nicht darauf an, dass es immer die gleiche Apothekenleitung war. Ein Inhaberwechsel wirkt sich also nicht aus!

Sie müssen darauf achten, dass diese Fristen eingehalten werden. Ansonsten kann es passieren, dass Sie von der Arbeitsagentur eine Sperre erhalten und Sie bis zum Ablauf der eigentlichen Kündigungsfrist kein Arbeitslosengeld bekommen. Die Empfehlung ist hier, den Apothekenleiter erst einmal selbst anzusprechen und auf die falsche Frist hinzuweisen. Da diese Frage unkompliziert auch per Internet-Recherche durch den Arbeitgeber nachzuprüfen ist, kann hier relativ einfach ein Rechtsstreit vermieden werden. Geht Ihr Arbeitgeber hierauf nicht ein, bleibt Ihnen nichts anderes übrig, als Klage vor dem zuständigen Arbeitsgericht einzureichen. Auch diese Klage muss innerhalb der drei Wochen-Frist eingereicht werden, auch wenn sich dies aus dem Gesetzestext selber so nicht ergibt.

24.2 Aufhebungsvertrag, Abfindungsansprüche und Freistellung

Diese Drei-Wochen-Frist müssen Sie auch bei etwaigen Verhandlungen über einen Aufhebungsvertrag beachten. Falls Sie zum Beispiel eine Abfindung für Ihre lange Betriebszugehörigkeit mit Ihrer Apothekenleitung verhandeln möchten, muss dieser Vergleich

Abb. 24.2 Wer gut verhandelt, kann auch bei einer unerwünschten Kündigung noch etwas Gutes für sich herausholen.

vor Ablauf der Drei-Wochen-Frist unterzeichnet sein. Ansonsten ist die Kündigung wirksam und Ihr Arbeitgeber braucht sich nicht mehr auf Verhandlungen mit Ihnen einzulassen. Auch wenn Sie, wie viele Mitarbeiter, denen gekündigt wurde, sagen: „Dort möchte ich nicht mehr arbeiten, ich werde nichts gegen die Kündigung unternehmen. Aber eine Abfindung möchte ich schon haben.“, müssen Sie innerhalb der Drei-Wochen-Frist tätig werden.

Abfindungsansprüche kann man leider realistischerweise mit guten Erfolgsaussichten nur dann geltend machen, wenn das Kündigungsschutzgesetz gilt. In allen anderen Fällen, in denen Sie gegen die Kündigung an sich nichts unternehmen können, müssen Sie schon großes Glück oder einen sehr fürsorglichen Arbeitgeber haben, wenn Sie eine Abfindung verhandeln möchten. Das gleiche gilt für eine Freistellung. Diese ist besonders dann für beide Seiten interessant, wenn man sich im Streit getrennt hat. Um den Betriebsfrieden zu erhalten, sind auch Apothekenleitungen oft nicht abgeneigt, den gekündigten Mitarbeiter bis zum Ende der Kündigungsfrist freizustellen. Das bedeutet, das Gehalt wird weitergezahlt, aber der Mitarbeiter muss nicht mehr arbeiten. Gibt es noch Urlaubsansprüche oder Freistellungsansprüche aus geleisteten Überstunden, werden diese meist auf die Freistellung angerechnet. Sind danach trotzdem noch Ansprüche vorhanden, müssen diese natürlich ausgezahlt werden.

24.3 Das Gespräch suchen

Wenn Sie eine Kündigung bekommen und hier etwas für sich aushandeln möchten, sollten Sie, sofern es Ihnen möglich ist, das Gespräch suchen.

„Ich bin völlig überrascht von dieser Kündigung. Mögen Sie mir Ihre Gründe hierfür sagen?“ ausweichend wird jetzt vielleicht geantwortet: *„Das hat nichts mit Ihnen zu tun, wir müssen hier etwas umstrukturieren. Nehmen Sie es nicht so schwer.“*

„Das nehme ich aber doch schwer und ich bin nicht damit einverstanden. Umstrukturierungen kann ich beim besten Willen nicht erkennen. Wir haben doch gerade ein super erfolgreiches Jahr hingelegt.“ „Es ist wie es ist und ich muss das auch nicht mit Ihnen diskutieren. Meine Entscheidung ist gefallen.“

„Das habe ich verstanden, aber ich bin nicht bereit, das so kampflos hinzunehmen. Ich habe hier immer sehr gerne gearbeitet und mir nichts zuschulden kommen lassen. Dafür möchte ich wenigsten seine Abfindung erhalten.“

„So weit kommt es noch! Das sehe ich überhaupt nicht ein.“

„Das hat nicht viel mit Einsehen zu tun. Ich habe mich zwischenzeitlich informiert. Ich bin jetzt seit sechs Jahren in Ihrer Apotheke angestellt, deshalb liegt die Regelabfindung für mich bei drei Bruttomonatsgehältern. Das ist das, was ich bei einer gerichtlichen Auseinandersetzung bekommen würde. Damit das hier nicht eskaliert, würde ich auf eine Klage verzichten, wenn wir einen Vergleich schließen. Ich habe außerdem noch eine Woche Urlaub und reichlich Überstunden. Deshalb möchte ich bis zum Ende freigestellt werden.“

Ihr Arbeitgeber erwidert jetzt eventuell: *„Das geht mir alles ein bisschen zu schnell, da muss ich erst mit dem Steuerbüro sprechen.“*

„Leider gibt es Klagfristen, deshalb müssen wir das schnell unter Dach und Fach bringen. Klären Sie das bitte morgen mit dem Steuerberater und geben mir bis Ende der Woche verbindlich Bescheid. Ich werde sonst leider eine Klage einreichen müssen, auch wenn ich es schade fände, wenn wir uns hier im Streit trennen.“

Ein solches Gespräch ist sicher nicht leicht zu führen, besonders, wenn man selber durch die Kündigung persönlich verletzt ist und keinen kühlen Kopf bewahren kann. Andererseits kann man sich durchaus sagen, dass man hier nur dazu gewinnen kann. Es ist also in jedem Fall einen Versuch wert. Wenn eine Klage geführt wird, muss bei einer Kündigungsschutzklage in der ersten Instanz jede Partei ihre Kosten selber tragen. Auch wenn man also die Klage gewinnt und eine Abfindung erstreitet, muss man die Kosten für den eigenen Rechtsanwalt tragen.

Wer alleine aber nicht weiter kommt oder nicht die Kraft hat, es zu versuchen, sollte sich als ADEXA-Mitglied umgehend an die Rechtsabteilung wenden. Wer kein ADEXA-Mitglied ist, sollte anwaltliche Hilfe suchen. Falls Sie eine Rechtsschutzversicherung haben, nehmen Sie vorher Kontakt mit dieser auf.

25 Das Arbeitszeugnis

Minou Hansen

Am Ende eines Arbeitsverhältnisses haben Angestellte Anspruch auf ein Arbeitszeugnis. Das Dokument umfasst neben Tätigkeiten auch eine Bewertung. Vor der Elternzeit oder vor einem Inhaberwechsel sind Zwischenzeugnisse ebenfalls sinnvoll.

Schon während der Schulzeit waren die Zeugnisse selbst bei den guten Schülern meist mindestens mit ein wenig Unbehagen verbunden. Noch aufregender und belastender dürfte das jeweilige Zeugnis für den großen Rest der Schüler gewesen sein, die bestenfalls mit einem durchwachsenen Zeugnis mit vielleicht einigen Highlights und schlimmstenfalls mit einem Papier rechnen mussten, das vielleicht sogar ein Wiederholen des Schuljahrs bedeutete.

Die gute Nachricht vorweg: Eine so existenzielle Bedeutung wie die Schul(abschluss)-zeugnisse haben Arbeitszeugnisse nicht. Und es gibt sie auch nicht so häufig, sondern in der Regel nur dann, wenn ein Arbeitsverhältnis zu Ende geht oder sonstige Umstände in dem Arbeitsverhältnis eingetreten sind.

Abb. 25.1 Ein richtig gutes Arbeitszeugnis ist Ihre Eintrittskarte für den nächsten Job.

25.1 Zwischenzeugnis

Es gibt im Apothekenbereich keine tariflichen Regelungen dazu, wann ein Anspruch auf ein Zwischenzeugnis besteht. Dieser Anspruch kann sich aber aus den allgemeinen vertraglichen Nebenpflichten ergeben. Hierfür wird vorausgesetzt, dass der Arbeitnehmer, der ein Zwischenzeugnis anfordert, einen triftigen Grund geltend machen kann.

Ein triftiger Grund, ein Zwischenzeugnis verlangen zu können, kann zum Beispiel der Wechsel einer Mitarbeiterin in eine längere Elternzeit sein. Wenn eine längere Unterbrechung der Arbeit ansteht, macht es Sinn, in dem Moment, indem sich auch der Arbeitgeber noch ein gutes Bild von den Leistungen der Mitarbeiterin machen kann, ein Zwischenzeugnis zu verlangen. Ebenso ist es empfehlenswert, bei einem Wechsel in der Apothekenleitung, zum Beispiel beim Verkauf der Apotheke, sich von dem scheidenden Arbeitgeber ein Zeugnis ausstellen zu lassen. So hat man einen Beleg über die Qualität der bis dahin erbrachten Leistung, über die ein neuer Inhaber nichts aussagen kann.

Ein Anspruch auf ein Zwischenzeugnis wird vielfach auch angenommen, wenn man zum Beispiel die Abteilung wechselt oder einen völlig neuen Aufgabenbereich übernimmt. In der klassischen öffentlichen Apotheke ist dies allerdings zumindest im Moment eher selten, in großen Filialverbünden kann allerdings, wenn ein Wechsel in eine andere Filiale erfolgt, ein solcher Anspruch bestehen.

25.2 Qualifiziertes Arbeitszeugnis

Das Abschlusszeugnis wird dann erstellt, wenn ein Arbeitsverhältnis zu Ende geht. Nach der tariflichen Regelung hat jeder Mitarbeiter das Recht, ein sogenanntes qualifiziertes Arbeitszeugnis zu verlangen. Im Arbeitsrecht wird zwischen einfachen und qualifizierten Zeugnissen unterschieden. Ein einfaches Zeugnis ist im Prinzip wie eine Arbeitsbescheinigung, aus der sich die Apotheke, der Zeitraum und die Art der Tätigkeit („als PTA") ergeben. Für Bewerbungen kann man solche Zeugnisse nicht wirklich gut verwenden. Manchmal endet ein Arbeitsverhältnis aber so in Streit und Unfrieden, dass die Mitarbeiter, die vielleicht schon eine Anschlussbeschäftigung haben, auf lange, unbefriedigende Auseinandersetzungen verzichten und, gerade bei kurzen Betriebszugehörigkeiten, lieber ein einfaches Zeugnis hinnehmen. Im Normalfall sollte man als Mitarbeiter aber auf ein qualifiziertes Zeugnis bestehen, das Angaben über Art und Umfang der Tätigkeit und über Führung und Leistung enthält.

25.3 Formale und inhaltliche Kriterien

Ein Arbeitszeugnis wird auf dem Briefpapier der Apotheke abgefasst und enthält dort Angaben zum Ansprechpartner und Telefonnummer oder E-Mail-Adresse. Die meisten Zeugnisse sind mit „Arbeitszeugnis" oder „Zeugnis" überschrieben.

Es muss ein Ausstellungsdatum enthalten sein. Da das Abschlusszeugnis spätestens am letzten Tag des Arbeitsverhältnisses ausgestellt werden muss, sollte man darauf achten, dass das Ausstellungsdatum mit dem Ende der Beschäftigung übereinstimmt. Wer sein Zeugnis verspätet anfordert oder selber dazu beiträgt, dass es nicht pünktlich ausgestellt werden kann, kann nicht verlangen, dass ein Zeugnis rückdatiert wird. Wenn allerdings der Arbeitgeber die Verspätung zu vertreten hat, weil er das Zeugnis nicht rechtzeitig fertig gestellt hatte, besteht ein Anspruch darauf, dass das Ausstellungsdatum mit dem Ende der Beschäftigung übereinstimmt. Dies gilt auch für den Fall, dass ein ursprünglich pünktlich ausgestelltes Zeugnis im Nachhinein korrigiert wird. Dann trägt es nicht das Datum der Korrektur, sondern das des Ursprungszeugnisses. Ein großer Zeitraum zwischen dem letzten Tag des Arbeitsverhältnisses und dem Zeugnis, deutet darauf hin, dass es Auseinandersetzungen über das Zeugnis gegeben hat. Dadurch wird ein Zeugnis dann insgesamt abgewertet.

Das Zeugnis startet mit den Angaben zur Person. Diese sollen dazu dienen, den jeweiligen Mitarbeiter identifizierbar zu machen. Es müssen also Vor- und Nachname, gegebenenfalls Geburtsname, Geburtsdatum und -ort aufgenommen werden. Dies ist jedenfalls der momentane Stand. Da es die Tendenz gibt, Bewerbungen vermehrt zu anonymisieren, um zum Beispiel Benachteiligungen wegen der Herkunft auszuschließen, kann es aber sein, dass zum Beispiel auf den Geburtsort zukünftig verzichtet wird. Ein akademischer Titel ist als Bestandteil des Namens selbstverständlich aufzuführen. Ebenso gehört die Berufsbezeichnung in den Eingangsabsatz des Zeugnisses.

Im zweiten Absatz des Zeugnisses geht es um die Tätigkeiten, die vom Mitarbeiter geleistet worden sind. Schön ist oft der Hinweis, dass „sämtliche Tätigkeiten, die zum Berufsbild eines... gehören" von dem Mitarbeiter übernommen worden sind. Diese werden dann im Einzelnen aufgeführt. Dabei sollten die Bereiche, die den Schwerpunkt ausgemacht haben, zuerst genannt werden. Als Zeugnisempfänger muss man hier ein bisschen aufpassen: Zwar ist es schön, wenn der Tätigkeitsbereich möglichst ausführlich dargestellt ist, wenn es aber zu viele, vielleicht auch unterqualifizierte Tätigkeiten sind, wertet das die gesamte Beurteilung ab. Auch Selbstverständlichkeiten, wie zum Beispiel das Ableisten von Bereitschaftsdiensten durch Apotheker, müssen nicht im Zeugnis erwähnt werden. Hier gilt es, ein gesundes Mittelmaß zu finden, sodass deutlich wird, wie umfangreich und vielseitig das Einsatzgebiet war und gleichzeitig der Eindruck vermieden wird, der Mitarbeiter habe tausend unwichtige Dinge gleichzeitig gemacht. PTA müssen darauf achten, dass, selbst wenn sie viele PKA-Tätigkeiten übernommen haben, diese nicht im Vordergrund stehen, sondern die Aufgaben, die das Berufsbild einer PTA ausmachen.

Ein positiver Aspekt, sofern er denn geleistet wurde, ist stets auch die Betreuung von Auszubildenden oder Praktikanten.

25.4 Vorsicht bei Bewertungen

Direkt im Anschluss an den Tätigkeitsbereich kommt dann die Tätigkeitsbewertung, also der Teil, aus dem sich die wichtigste „Note" des Arbeitszeugnisses ergibt. An dieser Stelle sollte man als Zeugnisempfänger darauf achten, dass die klassische Formulierung: „Frau Müller hat sämtliche ihr übertragen Aufgaben (stets) zu meiner/unser vollen/vollsten Zufriedenheit erledigt." im Zeugnis enthalten ist. Zwar gibt es viele Umschreibungen und andere, sicherlich auch schönere Formulierungen, mit denen man den Einsatz eines Mitarbeiters bewerten kann. Die übliche Formulierung ist aber die, die auch ungeübte Zeugnisleser kennen und einordnen können – spätestens durch Recherche im Internet. Wenn dies fehlt, muss sich der nächste Arbeitgeber, bei dem man sich bewirbt, erst lange Gedanken machen, wie das Zeugnis zu verstehen ist und kommt dann womöglich noch zu einem unzutreffenden Ergebnis. Die Bewertung anhand der Stufen der Zufriedenheit (▸ Kasten) ist immer noch die zumindest im Apothekenbereich Gebräuchlichste und sollte deshalb auch enthalten sein.

Bedeutung von Zeugnisfloskeln

- stets zur vollsten Zufriedenheit: sehr gut
- stets zur vollen Zufriedenheit: gut
- zur vollen Zufriedenheit: befriedigend
- zur Zufriedenheit: ausreichend
- war bemüht, die Aufgaben zu unserer Zufriedenheit zu erledigen: ungenügend

Das Wörtchen „stets" dient dabei immer der Steigerung, weil dadurch eine Kontinuität in der Leistung bescheinigt wird.

Nach dem Tätigkeitsbereich folgt ein Hinweis darauf, dass der zu Bewertende sich regelmäßig fortgebildet hat. Die ständige Erweiterung des Wissens und das permanente „Auf dem Laufenden"-Halten gehören im Apothekenbereich dazu. Deshalb kann ein Zeugnis insgesamt nicht „sehr gut" sein, wenn ein Hinweis auf Fortbildungen fehlt. Dabei muss natürlich nicht jede einzelne Fortbildung aufgeführt sein, sondern es genügt ein Hinweis darauf, dass man regelmäßig Fortbildungen besucht hat. Die einzelnen Zertifikate können bei Bewerbungen dann dem Bewerbungsschreiben beigefügt werden. Wenn man allerdings eher aufwändige Fortbildungen absolviert hat, die vielleicht noch zum Erwerb einer Zusatzqualifikation geführt haben (zum Beispiel Fachapothekerin, Fach-PTA oder Fach-PKA), sollten diese natürlich im Zeugnis erwähnt werden.

Ein weiterer wichtiger Punkt im Arbeitszeugnis ist die Bewertung des Verhaltens. Gerade beim Einsatz in der öffentlichen Apotheke als kleinem Betrieb mit viel Teamarbeit, in der Regel Zusammenarbeit auch mit der Apothekenleitung und natürlich zumindest für Apothekerinnen und PTA ausgeprägtem Kundenkontakt, macht ein gutes Verhalten einen wesentlichen Bestandteil des Arbeitszeugnisses aus. Selbst die allerbeste Fachkraft wird als Paket keine sehr gute Leistung erbringen, wenn sie die Kundenwünsche nicht versteht oder nicht mit ihren Kolleginnen kommunizieren kann. Ebenso wird eine Apothekenleitung, die Schwierigkeiten mit einem Mitarbeiter hatte, der sich den Anweisungen widersetzte, keine Empfehlung aussprechen. Gerade der letzte Punkt, nämlich das Verhalten gegenüber Vorgesetzten, wird manchmal ein Streitpunkt, wenn das Arbeitsverhältnis im Streit auseinandergegangen ist. Dann erinnert sich manch Arbeitgeber nicht mehr daran, wie gut es all die Jahre geklappt hat, sondern nur an seine Verärgerung über die Kündigung zum unpassenden Zeitpunkt und den Urlaubsantrag, dem dann nach einem Streit auch noch stattgegeben werden musste. Deshalb muss man auch hier auf die richtige Formulierung und insbesondere auch die richtige Reihenfolge achten (▸ Kasten). Bei der Reihenfolge ist unbedingt zuerst der/die Vorgesetzte, dann die Kollegen, dann die Kunden zu nennen. Werden die Vorgesetzten nach den Mitarbeitern genannt, ist dies ein Hinweis darauf, dass es hier Unstimmigkeiten gab. Dies fällt oft kaum auf und ist den meisten Apothekenleitungen, die ein Zeugnis ausstellen, so auch gar nicht bewusst. Für einen geschulten Zeugnisleser ist die Reihenfolge aber ein wichtiger Indikator, auf den man achten muss.

Verhaltensbewertung
- war stets einwandfrei: sehr gut
- war einwandfrei: gut
- war gut: befriedigend
- gab keinen Anlass zu Beanstandungen: ausreichend
- war insgesamt angemessen: ungenügend

25.5 Wohlwollende Formulierungen

Am Ende des Zeugnisses steht dann das Beendigungsdatum. Darüber, ob der Grund für das Ende genannt werden muss oder darf, gibt es teilweise Unstimmigkeiten. In Rechtsprechung und Literatur ist man sich weitgehend einig, dass gegen den Willen des Arbeitnehmers der Grund für die Beendigung nicht erwähnt werden darf. Wünscht sich im Gegensatz dazu der Arbeitnehmer die Benennung des Grundes, ist der Arbeitgeber verpflichtet, diesen wahrheitsgemäß in das Zeugnis aufzunehmen. Ein Hinweis auf eine etwaige gerichtliche Auseinandersetzung, bei der der Grund für die Beendigung dann zum Beispiel ein gerichtlicher Vergleich sein könnte, wird natürlich nicht aufgenommen, sondern es werden dann Formulierungen wie „auf eigenen Wunsch“ oder „aus betrieblichen Gründen“ gewählt. Im Ergebnis darf auch hier keine Formulierung verwendet werden, die den Mitarbeiter in seinem weiteren beruflichen Fortkommen hindert.

Dies ist stets der Leitgedanke eines Arbeitszeugnisses, auch wenn sich einige Arbeitgeber hierüber ärgern und sich fragen, warum sie nicht die (subjektive) Wahrheit schreiben dürfen. Ein Arbeitszeugnis ist die „Fahrkarte“ (oder eben auch nicht) für das weitere Berufsleben. Auch wenn ein Mitarbeiter wirklich nicht die Leistung erbracht hat, die man sich gewünscht hat, darf das Arbeitszeugnis nicht wirklich schlecht sein. Eine Apotheken-

Abb. 25.2 Egal, wie das Arbeitsverhältnis auseinander gegangen ist, das Zeugnis muss wohlwollend formuliert sein.

leitung kann also nicht ohne Weiteres einen Mitarbeiter jahrelang beschäftigen und dann ein schlechtes Zeugnis ausstellen. Die Rechtsprechung der Arbeitsgerichte geht im Moment davon aus, dass die Note „befriedigend" die durchschnittliche Bewertung darstellt. Wenn ein Arbeitgeber hiervon nach unten abweichen möchte, also zum Beispiel die Note „ausreichend" vergeben möchte, muss er bei einer gerichtlichen Auseinandersetzung hierfür Belege bringen. Das können Zwischenzeugnisse oder auch Protokolle von Personalgesprächen sein, in denen der Mitarbeiter auf mangelnde Arbeitsleistung – idealerweise verbunden mit einem Fortbildungsangebot – hingewiesen worden ist. Im Umkehrschluss kann auch ein Mitarbeiter, der eine bessere Note als „befriedigend" verlangt, dies bei einer gerichtlichen Auseinandersetzung nur durchsetzen, wenn er Belege dafür hat, dass seine Arbeitsleistung besser als der Durchschnitt war. Dies ist für die meisten Mitarbeiter immer noch schwierig, weil regelmäßige Personalgespräche in vielen Apotheken immer noch kein Standard sind. Wer also über keine besonderen Nachweise verfügt, wird sich im Streitfall mit einem „befriedigenden" Arbeitszeugnis begnügen müssen.

25.6 Schlussformel und Unterschrift

Das Zeugnis schließt üblicherweise mit einer sogenannten Schlussformel, in der sich der Unterzeichnende für die Zusammenarbeit bedankt, das Ausscheiden bedauert und für die Zukunft weiterhin viel Erfolg und alles Gute wünscht. Dies ist aber kein rechtlich notwendiger Bestandteil – wenn ein Arbeitgeber sich weigert, sein Bedauern auszudrücken oder gute Wünsche für die Zukunft auszusprechen, ist man als Mitarbeiter leider machtlos.

Das Zeugnis muss vom Aussteller unterschrieben sein in einer Form, die den Aussteller auch erkennen lässt. Ein unleserliches Handzeichen ohne Namensnennung ist nicht ausreichend.

Oft ist ein Mitarbeiter nicht mehr bis zum letzten Tag seines Arbeitsverhältnisses in der Apotheke tätig, sondern nimmt vielleicht noch seinen Resturlaub in Anspruch oder bummelt Überstunden ab. Dann gibt es an dieser Stelle manchmal Unstimmigkeiten darüber, ob das Zeugnis zuzusenden ist. Nach der Rechtsprechung sind Arbeitszeugnisse grundsätzlich Holschulden, also vom Arbeitgeber in der Apotheke bereitzustellen und vom Mitarbeiter dort abzuholen. Nur dann, wenn es für den Mitarbeiter unverhältnismäßig aufwändig wäre, das Zeugnis abzuholen, zum Beispiel, weil er an einen anderen Ort gezogen ist, muss das Zeugnis übersandt werden. Wer nicht mehr selber in die Apotheke gehen mag, kann natürlich einen frankierten Rückumschlag senden oder einen Boten beauftragen.

Wenn das Zeugnis übersandt wird, gibt es häufiger die Problematik, dass es so geknickt wird, dass die Falzspuren zu sehen sind. Auch hier gibt es keinen Rechtsanspruch auf ein nicht gefaltetes Zeugnis, sondern nur darauf, dass es ordentlich und sauber, ohne Durchstreichungen etc. vorgelegt wird. Auch kleinere Rechtschreibfehler müssen hingenommen werden, sofern sie nicht das Zeugnis wieder insgesamt entwerten. Da Arbeitszeugnisse in der Apotheke von Akademikern verfasst und gelesen werden, sind hier allerdings höhere Anforderungen zu stellen.

Eventuell sind hier auch noch Fristen zu beachten. Bei Ausscheiden des Mitarbeiters ist ihm auf seinen Wunsch nach der tariflichen Regelung ein vorläufiges (Zwischenzeugnis), bei Beendigung dann ein endgültiges Arbeitszeugnis auszustellen. Das Zeugnis muss also spätestens am letzten Tag des Arbeitsverhältnisses vorliegen. Wenn das nicht der Fall ist, sollte man als Mitarbeiter zügig handeln. Gem. § 20 BRTV/RTV verfallen bei Beendigung eines Arbeitsverhältnisses alle Ansprüche innerhalb von drei Monaten, wenn sie nicht schriftlich geltend gemacht werden. Hier muss man also die Apothekenleitung zeitnah anschreiben, wenn der Anspruch nicht verfallen soll. Wenn der Tarifvertrag nicht gilt und auch im Arbeitsvertrag keine Verfallfristen vereinbart sind, hat man etwas mehr Zeit. Allerdings kann auch in diesen Fällen der Anspruch auf ein Arbeitszeugnis verwirkt sein, nach der Rechtsprechung kann dies bereits nach zehn Monaten der Fall sein. Der Arbeitgeber könnte sich sonst darauf berufen, keine ausreichende Erinnerung mehr zu haben.

26 Gesprächsabschluss

Marion Nagel

Egal ob Vorstellungsgespräch, Gehaltsverhandlung oder das Gespräch mit der Führungskraft zum Thema Urlaub: Am Ende des Gesprächs sollten immer konkrete Vereinbarungen getroffen werden. Diese sogenannte „Abschlussphase" ist ähnlich wichtig wie der Gesprächseinstieg, hinterlässt sie doch den letzten und einen meist bleibenden Eindruck, den beide Seiten vom Treffen haben.

Zur Abschlussphase gehört, dass man gemeinsam konkrete Schritte vereinbart, wenn nötig mit Zeitplan oder einen Folgetermin, und bespricht, wie zum Beispiel mit vertraulichen Informationen umgegangen werden soll. Gegebenenfalls ist es hilfreich, die Vereinbarungen in einem Protokoll festzuhalten.

26.1 Inhaltliche Bilanz

Empfehlenswert ist es, den letzten Gesprächsteil mit einer Bilanz einzuleiten, die das, was besprochen wurde, noch einmal kurz und knapp zusammenfasst. Leitende Fragestellungen für beide Seiten sind in dieser Phase: Was wollte ich/wollten wir? Was war unser Thema? Was war mein Ziel? Was haben wir geklärt? Was ist offengeblieben? Sind während des Gesprächs neue Aspekte aufgetaucht? Welche nächsten Schritte sind zu planen? Bis wann?

Abb. 26.1 Am Ende eines guten Gesprächs sollte man sich die Hand geben können.

Praktisch könnte die Abschlussphase zum Beispiel eingeleitet werden mit:

„Ich fasse zum Schluss unseres Gespräches das, was wir besprochen haben, noch einmal zusammen. Mein Anliegen war es, mit Ihnen darüber zu sprechen, ob es möglich ist, die Urlaubsplanung bei uns neu zu regeln (Thema). Mir ging es vor allem darum, dass der Urlaub längerfristiger geplant wird und über Weihnachten und Silvester fairer im Kollegium aufgeteilt wird (Ziel). Ich habe Ihnen dann zwei Vorschläge gemacht. Bei letzterem haben Sie dargelegt, warum dieser nicht umgesetzt werden kann. Das habe ich verstanden und sehe, dass dies bei uns im Team nicht geht. Meinen ersten Vorschlag haben Sie aufgenommen und von Ihrer Seite noch um … ergänzt. Sie haben gesagt, dass Sie in der nächsten Woche die neue Regelung im Kollegium vorstellen wollen und dass diese ab dem nächsten Jahr gilt." (Konkrete Vereinbarungen)

26.2 „Innere Bilanz"

Es kann gerade in Gesprächen, die schwierig waren oder für die Anwesenden in ungewohnter Weise verliefen, sehr sinnvoll sein, neben der inhaltlich-sachlichen Zusammenfassung auch eine Art „innere Bilanz" zu veröffentlichen. Diese hat damit zu tun, wie es einem bei dem Gespräch ergangen ist. Man sollte bei diesem Punkt möglichst aus der Ich-Perspektive sprechen:

„Ich freue mich, dass wir für die Urlaubsplanung jetzt eine neue Regelung gefunden haben. Ich finde diese jetzt fairer für alle. Es ist mir nicht leichtgefallen, das Thema anzusprechen. Aus meiner Sicht ist es im Kollegium ein Reizthema, das keiner gern anfasst. Deswegen bin ich froh, dass ich mit Ihnen jetzt eine machbare und gute Lösung gefunden habe".

Bei der „inneren Bilanz" geht es nicht darum, dem anderen jede emotionale Regung, die man während des Gesprächs hatte, mitzuteilen, sondern als Mensch ein Stück sichtbarer zu werden. Bleibt man die ganze Zeit auf der Sachebene und redet nur über Fakten, dann ist es für das Gegenüber schwer zu sehen, warum einem das Anliegen wichtig ist oder wie man das, was besprochen wurde, empfindet. Vermeiden Sie jedoch Sätze wie *„Ich kann das schon verstehen, für Sie als Chefin ist das ja auch nicht einfach"* oder *„Das kann ich nachvollziehen"*, wenn das nicht so ist oder man es nicht so empfindet. Meistens spürt das der Gesprächspartner bewusst oder unbewusst und es kommt im schlimmsten Fall eher als Anbiederung an. Ist man nicht rundum glücklich mit dem Gesprächsausgang, kann es eher besser sein, dies auch zu sagen, sofern es situativ passt:

„Persönlich bin ich nicht vollends zufrieden, dass es nun noch keine Entscheidung gibt. Ich hätte mir gewünscht, dass wir das heute klären. Ich bin jedoch einverstanden damit, dass wir uns nächsten Montag noch einmal zusammensetzen und wir dann eine Lösung finden."

Oder:

„Ich bin froh, dass wir das geklärt haben. Auch wenn ich zwischenzeitlich den Eindruck hatte, dass Sie meinen Ärger nicht so richtig verstehen. Das hatte ich vorab auch ein wenig befürchtet. Deswegen war es mir wichtig, mit Ihnen in Ruhe darüber zu reden."

26.3 Authentisch und angemessen

Trotzdem – auch hier gilt es zu beachten, dass man jeweils so authentisch wie nötig und immer angemessen und stimmig für die jeweilige Situation kommuniziert.

Kann das Anliegen beim ersten Gespräch nicht abschließend geklärt werden, sollte man auf jeden Fall ein konkretes Datum für ein nächstes Treffen vereinbaren bzw. die nächsten Schritte verabreden:

„Den letzten Punkt haben wir heute nicht besprechen können. Mir wäre wichtig, dass wir uns zeitnah dazu verständigen. Wäre ein Termin in den nächsten zwei Wochen auch für Sie angemessen? An welchem Tag wollen wir uns dann zusammensetzen?"

Abschließen sollte das Gespräch mit einem Dank an den Gesprächspartner. Dafür, dass er sich Zeit genommen hat, für die eingegangene Vereinbarungen oder das Bemühen, die eigene Sicht auf das Thema zu verstehen. Dies gehört auch dann zum „guten Ton", wenn das Gespräch schwierig war oder das eigene Ziel nicht vollends erreicht wurde.

Literatur

Fichtel U, Mettang C. Bundesrahmentarifvertrag für Apothekenmitarbeiter. 13. Aufl. inkl. 6. Akt.lfg., Deutscher Apotheker Verlag, Stuttgart 2017

Hassel M. Arbeitszeugnisse für Apothekenmitarbeiter. 2. Aufl., Avoxa Mediengruppe, Eschborn 2014

Müller-Glöge R, Preis U, Schmidt I. Erfurter Kommentar zum Arbeitsrecht. 18. Aufl., Verlag C.H.BECK, München 2018

Schulz von Thun F. Klarkommen mit sich selbst und anderen: Kommunikation und soziale Kompetenz. Reden, Aufsätze, Dialoge. 5. Aufl., Rowohlt-TB, Reinbek 2014

Schulz von Thun F. Miteinander reden 1: Störungen und Klärungen. Allgemeine Psychologie der zwischenmenschlichen Kommunikation. 53. Aufl., Rowohlt-TB, Reinbek 2016

Schulz von Thun F. Miteinander reden 2: Stile, Werte und Persönlichkeitsentwicklung. Differentielle Psychologie der zwischenmenschlichen Kommunikation. 35. Aufl., Rowohlt-TB, Reinbek 2016

Schulz von Thun F. Miteinander Reden 3: Das innere Team und situationsgerechte Kommunikation. 20. Aufl., Rowohlt-TB, Reinbek 2011

Schulz von Thun F. Ruppel Johannes, Stratmann Roswitha. Miteinander reden: Kommunikationspsychologie für Führungskräfte. 21. Aufl., Rowohlt-TB, Reinbek 2016

Schulz von Thun F, Stierlin L. Zur Psychologie des guten Zuhörens. I: Ludowika Huber und Eva Odersky (Hrsg.): Zuhören-Lernen-Verstehen. Praxis Pädagogik, Verlag Westermann, Braunschweig 2000

Schulz von Thun Institut. Kommunikationsmodelle. Abrufbar unter: www.schulz-von-thun.de (Zugriff 30.11.2017)

Stahl E. Dynamik in Gruppen. Handbuch der Gruppenleitung. 3. Aufl., Beltz Verlag, Weinheim Basel 2012

Weber S, Arnold M, Kern G. Arbeitsrecht für Apotheker. 1. Aufl. inkl. 25. Akt.lfg., Deutscher Apotheker Verlag, Stuttgart 2017

Bildnachweis

Abb. 1.1	vege/stock.adobe.com
Abb. 1.2	Deutscher Apotheker Verlag, Stuttgart
Abb. 1.3	Deutscher Apotheker Verlag, Stuttgart
Abb. 2.1	Marco2811/stock.adobe.com
Abb. 3.1	fizkes/stock.adobe.com
Abb. 4.1	pictworks/stock.adobe.com
Abb. 4.2	Bits and Splits/stock.adobe.com
Abb. 5.1	StockPhotoPro/stock.adobe.com
Abb. 5.2	Marco2811/stock.adobe.com
Abb. 6.1	bluedisign/stock.adobe.com
Abb. 7.1	Kzenon/stock.adobe.com
Abb. 7.2	olly/stock.adobe.com
Abb. 8.1	Yvonne Weis/stock.adobe.com
Abb. 9.1	Ingo Bartussek/stock.adobe.com
Abb. 9.2	hakase420/stock.adobe.com
Abb. 10.1	Wellnhofer Designs/stock.adobe.com
Abb. 11.1	Woodapple/stock.adobe.com
Abb. 11.1	contrastwerkstatt/stock.adobe.com
Abb. 12.1	contrastwerkstatt/stock.adobe.com
Abb. 13.1	bluedesign/stock.adobe.com
Abb. 14.1	sebra/stock.adobe.com
Abb. 15.1	WavebreakMediaMicro/adobe.stock.com
Abb. 16.1	ktsdesign/stock.adobe.com
Abb. 17.1	Елена Чепко/adobe.stock.com
Abb. 18.1	contrastwerkstatt/stock.adobe.com
Abb. 18.2	ilfotokunst/stock.adobe.com
Abb. 19.1	contrastwerkstatt/stock.adobe.com
Abb. 20.1	kamasigns/stock.adobe.com
Abb. 21.1	Halfpoint/stock.adobe.com
Abb. 22.1	Marco2811/stock.adobe.com
Abb. 23.1	Butch/stock.adobe.com
Abb. 24.1	Gina Sanders/stock.adobe.com
Abb. 24.2	Gina Sanders/stock.adobe.com
Abb. 25.1	Ben/stock.adobe.com
Abb. 25.2	magele-picture/stock.adobe.com
Abb. 26.1	Karin & Uwe Annas/stock.adobe.com

Sachregister

Die Autorinnen

Minou Hansen

Minou Hansen hat in Kiel Jura studiert und 1994 in Schleswig-Holstein auch ihr Zweites Juristisches Staatsexamen absolviert. Sie hat in Hamburg und Mecklenburg-Vorpommern in Rechtsanwaltskanzleien gearbeitet, stets mit Schwerpunkt Arbeitsrecht, aber auch mit Fokus auf neue Medien und Software-Recht. Nach der Geburt ihrer Kinder hat sie zunächst in Teilzeit in der Rechtsberatung bei ADEXA – Die Apothekengewerkschaft gearbeitet. Zeitgleich hat sie an einer Online-Kommentierung zum Arbeitnehmer-Entsendegesetz und dem Bundeselterngeld- und Elternzeitgesetz mitgearbeitet.

2009 hat sie den Fachanwaltslehrgang Arbeitsrecht erfolgreich absolviert. Berufsbegleitend hat sie am Institut für Weiterbildung der Universität Hamburg die Zusatzausbildung Kommunikationspsychologie von Friedemann Schulz von Thun abgeschlossen und bildet sich hier regelmäßig weiter fort. 2018 wird sie eine Ausbildung zum BusinessCoach (IHK) abschließen.

Minou Hansen leitet seit 2016 die Rechtsabteilung der Apothekengewerkschaft ADEXA. Gleichzeitig ist sie als Syndikusanwältin für die rechtliche Beratung der Gewerkschaft und des ADEXA-Vorstands zuständig. Als Juristin berät und unterstützt sie die ADEXA-Tarifkommission und begleitet die Tarifverhandlungen.

Minou Hansen ist Autorin zahlreicher arbeitsrechtlicher Veröffentlichungen in der pharmazeutischen Fachpresse und Referentin für arbeitsrechtliche Fragestellungen im Apothekenbereich.

Marion Nagel

Das Studium führte die gebürtige Brandenburgerin Marion Nagel an die Universität Leipzig, an der sie 2004 ihr Studium der Amerikanistik, Journalistik und Politikwissenschaft mit einem Magister abschloss.

Danach hat sie zusammen mit Freunden und ehemaligen Kommilitonen media:port gegründet, ein Büro, in dem Journalisten, Medienpädagogen und Kommunikationswissenschaftler bis 2013 zusammen arbeiteten. Der Fokus ihrer Arbeit und ihr Interesse galt insbesondere der zwischenmenschlichen Kommunikation und auditiven Wahrnehmungsförderung.

Am Institut für Weiterbildung der Universität Hamburg absolvierte sie neben der Arbeit zuerst eine neunmonatige Trainerausbildung und bis 2015 die Zusatzausbildung Kommunikationspsychologie von Friedemann Schulz von Thun. Seit 2014 studiert sie Psychologie im Fernstudium.

Neben zahlreichen Unternehmen, pädagogischen Einrichtungen und Institutionen hat sie für die Apothekengewerkschaft ADEXA viele Workshops zum Thema „Kommunikative Herausforderungen im Apothekenalltag" durchgeführt und ist Autorin mehrerer Beiträge für die Fachzeitschrift PTA*heute*.

Marion Nagel lebt in Leipzig und arbeitet heute als kommunikationspsychologischer Coach und als Fortbildnerin mit Teams, Einzelpersonen und Führungskräften.